Amour et Compatibilité des Signes du Zodiaque

Alina A. Rubi et Angeline A. Rubi

Vaut-il la peine de tomber amoureux ?

Quand vous êtes né, c'est un livre blanc. Nous sommes venus au monde sans idées préméditées, nous ne soutenons pas une position spécifique, nous n'avons pas de religion, nous n'appartenons à aucun parti politique. Le moment venu, le livre a toutes ses pages écrites.

Dans le livre de nos vies, les chapitres les plus intéressants, la plupart du temps, ont à voir avec nos expériences amoureuses. Amour, excitant et stimulant, complexe et stimulant, toujours plein de moments extraordinaires et aussi de confusion, de passion et d'anxiété ; Mais, surtout, beaucoup de dérapages. En fait, il y a parfois tellement de déceptions amoureuses que nous nous demandons si l'amour en vaut vraiment la peine ; Et si nous avions l'occasion de voyager dans le temps, nous réécririons certaines pages de ce livre pour agir différemment et éviter certains de ces moments malheureux.

Tout cela est une erreur, car lorsque nous donnons de l'amour, il n'est jamais gaspillé. Quoi qu'il en soit, il serait préférable de regarder en arrière avec gratitude pour la possibilité de pouvoir aimer. C'est une erreur de penser que l'amour nous accompagne, et de s'inquiéter de savoir si nous gagnons ou perdons, et même si une relation se termine par une déception, l'amour donne toujours la vie. Nous ne devrions jamais aimer avec l'espoir que notre relation aboutira à la fin du style de l'histoire Disney, nous devons aimer avec confiance que l'amour est un cadeau qui vaut toujours la peine d'être donné. Si nous aimons le penser, une fin triste n'aura jamais la force de dépouiller l'amour de sa valeur, parce que l'amour est notre investissement dans une autre âme humaine, quel que soit le résultat. L'amour est ce que nous sommes appelés à donner sans rien attendre en retour.

Malheureusement, en voyant tant de mariages brisés, de relations et de familles dysfonctionnelles, il est inévitable de penser que l'amour n'en vaut pas la peine. Si vos doutes viennent de tout ce chaos social, ils sont raisonnables. Cependant, les innombrables âmes passionnées et les siècles d'art, de poésie et d'autres formes d'exposition basées sur l'amour qui précèdent ne peuvent être ignorés, et bien que l'amour romantique soit parfois exagéré, cela n'invalide pas sa valeur.

Si vous vous sentez sceptique à propos de l'amour, c'est pourquoi sa signification n'est pas « nous serons heureux pour toujours ». L'amour vous noiera dans un marais, vous giflera et vous rendra fragile. Cependant, le point culminant de l'amour est plus grand que les profondeurs de la mer. Tomber amoureux en vaut la peine parce que l'amour est réel et existe toujours.

Dans notre société, beaucoup de gens n'ont aucune idée de ce qu'est le véritable amour. L'industrie moderne du divertissement a teinté une image très déformée de l'amour et a pollué de nombreux esprits. Les réseaux sociaux n'ont pas non plus beaucoup aidé, car ils sont principalement utilisés par les « jeunes adultes » qui ont souvent une compréhension très faible de ce qu'est l'amour, ils déforment tout.

N'oubliez jamais d'aimer parce que tomber amoureux, c'est embrasser la vie, profiter de chaque instant et avoir la conviction d'être des créateurs. Alors n'essayez pas de réécrire le livre, au contraire, sentez-vous heureux pour toutes ces personnes avec qui vous avez partagé des moments privilégiés. Ces pages sont un véritable cadeau pour votre vieillesse.

Bélier

      Puissant et charismatique, Bélier, premier signe du zodiaque, en matière d'amour et de romance, **le Bélier** se nourrit du feu, son élément naturel.
Connu pour son tempérament imprévisible et sa tendresse, le Bélier est multiforme quand il s'agit d'amour.

Une partie de ce qui fait le succès du Bélier est son magnétisme et sa capacité naturelle, qui attire par son enthousiasme et son optimisme innés, assaisonnant toutes ses relations à travers sa jovialité de vie contagieuse.

Étant un signe si ambitieux, il n'est pas surprenant que le Bélier s'efforce d'avoir une relation parfaite. Le Bélier peut vous dire que l'association idéale est celle sans arguments, mais en réalité ce signal est plus satisfait qu'une dose excitante de tension. Il aime gagner et la compétition le met au défi de montrer ses meilleures qualités.

Ne le gardez même pas occupé, assurez-vous de reconnaître ses victoires. Tous les signes de feu (Bélier, Lion et Sagittaire) nécessitent un public, mais le Bélier est peut-être le plus audacieux pour montrer votre besoin de validation, et vous aurez toujours une relation heureuse avec un Bélier assertif si vous terminez chaque mot avec un point d'exclamation plutôt qu'un point d'interrogation.

L'ego du Bélier fait partie de sa configuration cosmique, parfois il peut être arrogant, mais son ego n'est pas mauvais. En fait, tout le zodiaque commence grâce à la confiance en soi du Bélier. L'esprit vif du Bélier est revigorant et inspirant, mais il peut être compliqué, car le Bélier nécessite une attention constante, qui, si elle n'est pas bien traitée, peut vous épuiser. Il est important pour les couples Bélier d'apprendre à dire non, même si cela signifie supporter un caprice occasionnel.

Vous devez vous rappeler que le Bélier teste toujours les limites, alors ne soyez pas surpris si votre partenaire Bélier dit occasionnellement, ou fait, quelque chose d'inapproprié. C'est leur façon de mesurer ce qui peut et ne peut pas être accessible ; Donc, si votre partenaire Bélier fait quelque chose de mal, assurez-vous de le lui dire tout de suite.

Ce signe de feu respecte les limites personnelles, donc dès qu'il comprendra les paramètres de votre relation, il mettra un point d'honneur à honorer tous vos besoins.

Le Bélier a toujours besoin d'être nourri et soutenu, et tout en projetant fortement, il est en fait extrêmement délicat ; Donc, si vous êtes prêt à jouer le rôle d'animateur émotionnel, votre partenaire Bélier vous en sera éternellement reconnaissant.

Le Bélier est très ambitieux et veut faire partie d'un couple qui brille en privé, et publiquement, cependant, si les aspirations du Bélier le dépassent, ce signe brûlant devient un peu envieux. Si cela se produit, ne vous inquiétez pas, trouvez une occasion de célébrer ses réalisations et il ne manquera pas de rayonner une source de gratitude.

Les jeux pour jouer en amour ne sont pas conseillés, car avec le Bélier, les choses diffèrent en ce sens qu'ils aiment les défis. Cependant, vous ne devriez pas utiliser la manipulation, car le Bélier est direct et il n'y a rien de plus que de se moquer. Vous pouvez jouer et être enjoué, mais à la fin de la journée, assurez-vous de toujours le faire avec des intentions honnêtes.

Bélier aime le confort et apprécie le style, donc si vous cherchez de nouvelles façons d'attirer votre attention, n'ayez pas peur de vous démarquer, il est attiré par les choix de mode difficiles, les couleurs vives et les motifs intrépides. Les décalages capturent son cœur brûlant, et parce qu'il aime la joie, s'il remarque que vous vous amusez, vous provoquerez une attraction immédiate.

Le Bélier est alimenté par la passion, donc quand il s'agit de relations à long terme, il est crucial de trouver de nouvelles façons passionnantes de garder la flamme de l'amour constamment allumée.

Le sexe est important pour le Bélier, le contact physique assure la satisfaction d'un Bélier. Ils veulent toujours sentir que la relation est un choix, pas un lien, donc garder l'étincelle vivante, insufflant à leur relation de l'aventure, du drame et, bien sûr, une dispute de temps en temps. Se battre, rappelez-vous, est vraiment sain pour le Bélier, car il maintient le feu allumé et s'ils ont déjà été dans une relation avec le Bélier pendant une longue période, vous savez que la relation à un moment donné arrive à un carrefour.

Parce que le Bélier a tendance à approfondir les relations, avoir des moments de réflexion est considérablement important pour lui car il a besoin de la liberté de considérer les implications de son engagement à long terme. Vous devez donc lui donner de l'espace pour réfléchir à ses options et trouver une détermination.

Après un peu de réflexion, votre partenaire Bélier reviendra certainement à la relation la plus enthousiaste.

Quand. **Bélier avec Bélier** pense à une bombe atomique rdeo. Umeal c'est une force puissante. Une combinaison Bélier-Bélier est une dose d'impatience multipliée par dix, et tout le monde aura constamment besoin de sécurité et de stabilité de la part de son partenaire. Heureusement, ils se comprennent, donc s'ils le veulent, et chacun est gentil avec les sentiments de l'autre et leur donne de l'espace, bien sûr, sans devenir émotionnellement distant, cela peut être une excellente relation à long terme pleine de plaisir, d'aventure et de passion.

Le seul obstacle dans cette relation est la lutte de l'ego, le bélier est compétitif et a du mal à ne pas être le meilleur dans quelque chose. Ce sera le principal problème pour rendre la relation stable.

Ce couple est une rencontre de deux esprits énergiques, et dans l'ensemble c'est une relation positive. Les deux sont attirés par l'idée d'essayer de nouvelles choses, mais ils doivent apprendre à participer.

Le Bélier a une magnanimité naturelle, il doit donc apprendre à changer en fonction de ses goûts. Le Bélier est transparent avec ses sentiments et cela aide deux Bélier à ne jamais se traiter avec mensonge ou hypocrisie. Quand. Bélier tombe amoureux, c'est un couple merveilleux en qui vous pouvez avoir confiance. Dans un couple composé de deux Ari, c'est qu'il n'y a pas d'ennui. Leur capacité à compenser les écarts fait d'eux une relation enflammée et interpénétree.

Lorsque le Bélier et le Taureau s'unissent, nous ne devons pas oublier que le Taureau est manifestement têtu, et lorsque le Bélier se sent mis au défi, il peut être extrêmement têtu. Si cela se produit, ils pourraient s'affronter, générant un conflit titanesque.

Cependant, il y a une passion incroyable dans la relation Bélier-Taureau. Le Bélier aime être soigné par le seul Taureau et le Taureau apprécie l'approche rusée du Bélier. Pour assurer cette relation, les deux doivent se sentir à l'aise et protégés.
Cela peut être une relation où vous gagnez beaucoup d'apprentissage, le Taureau peut apprendre au Bélier à contrôler ses impulsions et le Bélier peut demander au Taureau d'être plus aventureux. Le taureau est raffiné, complaisant et attentif. Le Bélier se sent absorbé par ces capacités. Le Bélier voit le Taureau comme son personnel, complètement stable. Le Taureau voit le Bélier comme quelqu'un qui sait comment tirer parti des opportunités de la vie.

Si les deux signes rappellent ce jeu, cette relation peut être extrêmement romantique.

Le Bélier et les Gémeaux sont joueurs, spontanés, mais les deux s'ennuient facilement. Ces signaux nécessitent beaucoup de stimulation, mais cette paire est excellente pour maintenir un intérêt mutuel. Les deux aiment toujours faire des voyages de week-end ensemble, célébrer et s'inspirer mutuellement. Le Bélier et les Gémeaux sont facilement divertis pour cette raison, ces deux signaux doivent occuper des heures supplémentaires pour empêcher la relation de se rompre. Ici, l'important est de se rappeler qu'une relation n'est pas seulement des loisirs, des rires et des jeux, c'est aussi une responsabilité et une consécration.

Bélier et Cancer, c'est une relation quelque peu incohérente. Le cancer est extrêmement sensible et des conflits peuvent survenir lorsque le bélier sent son feu éteint par la faiblesse du cancer. Cependant, le Bélier et le Cancer sont des créateurs, alors quand ils travaillent ensemble, ils s'encouragent mutuellement à atteindre leur plein potentiel. À première vue, Bélier est le leader, qui est toujours prêt à relever n'importe quel défi, mais le Cancer est secrètement aux commandes grâce à la domination émotionnelle et à la capacité de calculer la situation. Si les deux partenaires se traitent avec amour, cela peut entraîner une relation extrêmement durable.

Le Bélier et le Lion, lorsqu'ils sont unis, brûlent brillamment. Le Bélier et le Lion sont tous deux passionnés, dynamiques et pleins de vie, alors quand ils sont romantiquement connectés, ils sont imparables. Le Bélier et le Lion aiment refroidir les flammes de l'autre avec de grandes expressions d'affection et un tourbillon de drame.   Malgré cela, il peut y avoir des problèmes en Eden lorsque le Lion est déçu par la férocité enfantine du Bélier, et le Bélier est mal à l'aise avec les volumineux snobs du Lion. Cependant, la paire Bélier-Lion est amusante et ensemble, ils forment une excellente combinaison.

Le Bélier et la Vierge forment un couple rare. La Vierge est scrupuleuse, précise et extrêmement précise. Le Bélier, d'autre part, ne peut pas être dérangé par les petits. Une paire Bélier-Vierge a de graves crises d'habitudes. En fait, la Vierge peut s'éduquer avec le Bélier et apprendre à se détendre, tandis que le Bélier peut se rendre compte que prêter attention aux détails n'a rien d'infernal. Si le Bélier et la Vierge se traitent avec discernement, et l'obéissance pour leurs incompatibilités peut créer une relation efficace.

Bélier-Balance. Dans le zodiaque, ces deux signes sont opposés, le Bélier est le signe de lui-même, tandis que la Balance est le signe de nous ; Le Bélier est un combattant, tandis que la livre est l'harmonie. Le Bélier est un créateur, tandis que la Balance est un intellectuel. Cependant, les deux se rencontrent en fraternité, formant un couple extraordinairement dynamique, avec une forte attirance sexuelle. La relation entre le Bélier et la Balance offre un contrepoids qui soutient chacune de ses meilleures qualités. La Balance valorise l'harmonie dans une union et fera tout son possible pour la préserver. Chacun contribue à la relation que l'autre n'a pas, en réalisant une merveilleuse harmonie.

Bélier et Scorpion, partagent un enthousiasme incroyable, bien qu'avec des façons différentes de montrer leurs énergies. Le Bélier

s'émerveille de plonger directement dans le combat, tandis que le Scorpion choisit d'établir un espace et de le surveiller de loin. Cependant, malgré leurs divergences, une relation Bélier-Scorpion est séparée et extrêmement pleine de sexe parce que ces amoureux du sang chaud. Leur lien est très passionné et souvent argumentatif, car les deux partenaires ont des tendances jalouses.

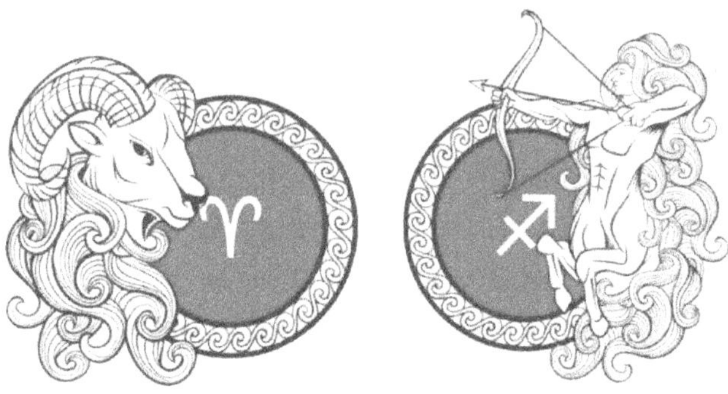

Bélier-Sagittaire est une relation attrayante. Le Bélier allume la bougie puis la transmet au Sagittaire, qui l'utilise pour créer un feu rustique. Le Sagittaire est une braise puissante, une énergie qui augmente les brûlures d'estomac du Bélier. Ces deux-là sont vraiment incontrôlables. Cependant, ils devraient être très prudents car il s'agit d'une relation sujette aux accidents, car le Bélier est toujours pressé et le Sagittaire a tendance à regarder tout sauf l'évidence. C'est un peu difficile de maintenir cette relation parce qu'ils ont tous les deux beaucoup d'énergie pour commencer de nouvelles choses, mais il n'y a pas beaucoup de motivation pour continuer. Le Bélier est plus sensible que le Sagittaire festif, les deux doivent donc s'assurer de s'écouter et de se soutenir mutuellement.

Bélier et Capricorne, au début, peuvent sembler un peu différents. Le Bélier est influencé par une impulsion initiale, tandis que le Capricorne est sans aucun doute le signe le plus diligent de haine ou est stimulé par le succès à long terme. En fait, le Capricorne grimpe lentement au sommet, tandis que le Bélier fait son chemin rapidement. Les jours ont des façons considérablement inégales d'interagir avec le monde, mais ils peuvent très bien se débrouiller en couple. Le Capricorne efficace apprécie l'attitude du Bélier, tandis que le Bélier hâtif apprécie l'extraordinaire précision du Capricorne, ce qui crée une union stimulante et satisfaisante.   Le Bélier doit faire attention à ne pas travailler contre le Capricorne, qui, à son tour, devrait essayer de ne pas hydrater l'âme fervente du Bélier.

Le Bélier et le Verseau peuvent avoir une relation à long terme. Le Bélier est un signal extrêmement solide et spontané, mais il change légèrement de forme lorsqu'il est connecté au Verseau, un signe connu pour sa compassion lointaine et froide. Cependant, en réalité, c'est le Bélier qui s'efforce d'adapter le Verseau. Les deux personnes valorisent la liberté, mais la propension du Bélier à la possessivité peut amener le Verseau à se protéger. Même s'ils ont ce lien spécial, ils voient le monde avec des yeux différents. Avec Aquarius à ses côtés, le Bélier travaillera dur pour essayer de sortir des sentiers battus, et bien qu'il y ait certainement une période d'adaptation, la relation est très fascinante.

Bélier et Poissons est une combinaison extrêmement spéciale. Comme les premiers et derniers signes du zodiaque, les deux forment un puissant duo carmique basé sur la sagesse, la raison et l'intuition. Le Bélier est séreux avec l'énergie balsamique des Poissons, et les doux Poissons sont ravis par l'esprit ardent du Bélier. Les Poissons comprennent profondément le Bélier et cela peut aider à atténuer tout type de problème. Les Poissons savent comment empêcher le bélier de devenir disproportionnément imprudent. Ensemble, ils forment un duo dynamique lorsqu'ils combinent la sincérité du Bélier avec l'acuité intuitive des Poissons. Bien que ces deux-là doivent s'assurer qu'ils respectent les différences de l'autre, il y a une occasion spéciale ici pour ces signes de s'aider mutuellement à comprendre toute l'expérience humaine.

Ensemble, ils peuvent avoir une fin positive à n'importe quel plan qu'ils décident de commencer. Vous avez beaucoup à apprendre les uns d'autres. Les Poissons enseignent l'empathie au Bélier et le Bélier montre aux Poissons comment réaliser leurs rêves. Lorsqu'ils forment une relation, les choses se passent très bien pour les deux, c'est-à-dire qu'ils sont nourris par leur union. Ce sont des personnes sincères dans leurs relations, et en fin de compte, l'acuité naturelle que possèdent le Bélier et les Poissons aidera à découvrir que leur relation peut fonctionner mieux que quiconque ne peut l'imaginer. Quelqu'un de médium comme les Poissons a besoin d'un partenaire terrestre qui a les pieds sur terre et cela se trouvera en Bélier.

Taureau

Il est facile de tomber amoureux du taureau. Ce signe est pur poésie et passion. Gouverné par Vénus, la planète de l'amour, le Taureau jouit de la belle vie et, en fait, ne se contentera jamais de rien de moins que ce qu'il mérite, une particularité qui lui a valu le titre de signe le plus obstiné du zodiaque.

Gouverné par Vénus, Taureau aime la romance, sait tomber amoureux, et aime être courtisé, il sait donc naturellement comment séduire. Tauro est passionné, prend ses responsabilités au sérieux et veut un partenaire pour la vie parce qu'il est si traditionnel.

Il n'y a rien qui excite plus le Taureau que ce sentiment de sécurité. Le Taureau est célèbre pour être un conjoint stable, enraciné et honnête. Quelque chose de très important à noter est qu'avant la fidélité, vous devez nourrir et boire le Taureau comme s'il n'y avait pas de lendemain. Pour être si liée à Vénus, sa forme de séduction circule autour de l'érotisme ; Alors, si vous êtes prêt à tomber amoureux ou, préparez-vous pour un voyage tout compris entre échos et arômes.

Parce que le Taureau est si étroitement lié au monde matériel, il aime exprimer son culte à travers des cadeaux et n'oserait jamais lui donner des choses bon marché. Le Taureau montrera son admiration pour un cadeau qui capture son esprit. Ce n'est pas entièrement altruiste, il attend quelque chose en retour.

Le Taureau n'a pas besoin de savoir qu'il l'estime et que la relation est mutuelle. Après tout, chaque fois que le Taureau exprime un goût ou un dégoût, il espère s'en souvenir. Lorsque vous portez une attention particulière aux commentaires de votre partenaire Taureau, vous devriez également prendre des notes.

S'il insinue qu'il aime la crème de citrouille, il dit qu'il attendra que vous en achetiez une. Bien que le Taureau soit imprégné de sensualité, il est très important qu'il ne dépasse pas la limite. En fait, ce spécimen de terrain sera très méfiant envers quelqu'un avec une approche rude, alors profitez-en pour gagner votre confiance.
Le Taureau quand il s'agit d'amour, n'est pas pressé ; Alors, profitez-en pour avancer tranquillement, en laissant la relation se développer naturellement.

 Il faut un certain temps pour s'ouvrir parce qu'ils aiment tout le processus, et pour ce couple vénusien, tomber amoureux est une expérience incroyablement magique, qui en vaut la peine. Le Taureau valorise la sécurité et a tendance à graviter vers les couples qui partagent leurs points de vue sur la finance, la profession et la famille.

Puisque tous ces points sont si importants pour eux, il est facile d'évaluer leurs intentions dès le début. Oui, si le Taureau vous pose des questions sur votre revenu, vos aspirations professionnelles ou la maison de vos rêves lors du troisième rendez-vous, vous pouvez être convaincu que vous êtes intéressé ou que vous êtes sérieux au sujet du déménagement.

Le sexe est une chose très importante pour les amateurs de taureaux. Par conséquent, l'acte lui-même n'est pas aussi important que sa préparation.

Les préliminaires sont ce qui vous excite le plus, et comme tout avec cela et le fils de Vénus, ce doit être une expérience sensorielle complète. N'oubliez pas ceci : le Taureau aime la tradition, et ces gestes consacrés de culte seront bien accueillis et créeront l'atmosphère propice à une soirée extrêmement passionnée. La zone érogène du Taureau est le cou, donc embrasser dans cette zone deviendra fou.   Bien que le Taureau aime être avec son partenaire, il a également besoin de beaucoup de temps seul pour se faire dorloter, prend ses rituels de soins personnels au sérieux, et surtout si son espace est menacé, il peut devenir assez possessif ou avec son environnement.

Ne pensez jamais à toucher les objets sacrés du Taureau. Pour lui, prendre quelque chose sans mal est une déclaration de guerre.

Parce que ce signe donne de la valeur à chaque possession et se soucie de tout ce qu'il possède, et peut rapidement dégénérer en légères tendances d'accumulation, en aucun cas jeter quoi que ce soit qui appartient au Taureau. Il ne sert à rien de prendre des risques avec votre colère. Et avec vos goûts luxueux, il n'y a presque rien qui vaille la peine d'être jeté.

Pour le Taureau, la qualité est supérieure à la quantité. En d'autres termes, votre partenaire Taureau ne se souciera pas des portefeuilles qu'il a, tant qu'ils sont luxueux. Quand il s'agit d'une relation durable avec le Taureau, l'argent compte. Bien sûr, cela ne signifie pas que vous êtes attiré ou exclusivement milliardaire.

En fait, l'objet n'est pas si important. Ce qui vous distingue vraiment, c'est la façon dont votre partenaire gagne et épargne son revenu. Assurez-vous de toujours reconnaître le succès bien mérité de votre partenaire Taureau.

Cela semble un peu complexe ou ce signe, mais une fois que vous commencerez à vous adapter à ce mode de vie, vous réaliserez également que tout cela est justifié.

Le Taureau aime la nourriture, le chemin vers le cœur du Taureau passe par son estomac ; Ainsi, les relations les plus sexy incluront toujours un repas gastronomique.

Le Taureau **et** le Bélier se réunissent au début, le Taureau peut être un peu prudent lorsqu'il s'agit d'établir une relation avec un Bélier impulsif. Bien qu'il apprécie profondément l'énergie du guerrier ou du zodiaque, le taureau peut procéder avec sagesse. Cependant, une fois que le Bélier démontre sa fermeté, ces deux-là peuvent former un duo extrêmement dynamique, le Bélier générant des idées brillantes et le Taureau prudent prodiguant de bons conseils. Si les deux signes peuvent éviter leur tendance à penser qu'ils ont toujours raison, des leçons inestimables peuvent être enseignées l'un à l'autre, formant une relation à long terme.

Taureau et Taureau, c'est un excellent rapport qualité-prix. Ils partagent un goût pour la gastronomie, les douches chaudes et les massages corporels. Cette paire est extraordinairement magnétique. Quand ils se réunissent, ils peuvent s'étreindre toute la journée. Mais quand tout va très bien ou dans cette dynamique, l'ennui peut survenir. Chaque partenaire doit activement presser l'autre pour réaliser ses rêves. Sinon, ce duo pourrait se retrouver sur un canapé à regarder des séries Netflix indéfiniment tout en mangeant de la crème glacée.

Taureau et Gémeaux, vous avez l'air d'un couple difficile. Gémeaux, parle très vite et est spirituel, ce qui rend l'intimidateur passif nerveux qu'il est difficile de comprendre les motivations des jumeaux. Le Taureau peut finir par compromettre ses besoins avec ce style de vie trépidant, et les Gémeaux, d'autre part, peuvent devenir de plus en plus impatients avec le traitement minutieux du Taureau, ce qui peut l'amener à quitter la relation. Cependant, si ce couple parvient à un consensus, la relation sera équilibrée. Les Gémeaux apprendront au Taureau à se détendre, tandis que le Taureau inspirera les Gémeaux à se calmer.

Taureau et Cancer Il y a des similitudes incroyables, car ce sont deux signes qui valorisent la sécurité et la stabilité et qui sont profondément préoccupés par la culture d'un environnement domestique. Dans ce duo cosmique, Cancer facilitera la structure émotionnelle, tandis que le Taureau sera enthousiaste à l'idée de décorer l'espace physique qu'ils partagent. Cependant, le Taureau et le Cancer peuvent être extrêmement possessifs. Sans une communication saine, ce couple peut se retourner l'un contre l'autre et devenir de plus en plus capricieux et jaloux.
 Le Taureau devrait s'efforcer de comprendre le côté émotionnel du Cancer, qui maintient souvent ses émotions contenues, ce qui peut causer des problèmes occasionnels. En fin de compte, c'est pourquoi le Cancer se sent ensorcelé par la personnalité honorable du Taureau. Bien que la communication verbale ne soit pas une caractéristique forte de l'un ou l'autre, cette relation prospérerait grâce à un dialogue sincère.

Le Taureau et le Lion partagent de nombreux intérêts. Qu'il s'agisse de boire du vin super cher, de visiter un restaurant chic ou d'acheter des vêtements auprès de grands créateurs, Taureau et Lion se combinent parce qu'ils aiment tous les deux le luxe. Cependant, lorsque les comptes de carte de crédit arrivent ou regardent leurs comptes bancaires, les deux réalisent rapidement à quel point leurs opinions diffèrent. Le Taureau valorise l'investissement, tandis que le Lion célèbre l'ostentation. Le Taureau et le Lion sont loyaux et diligents, et leur vanité et leur toile peuvent conduire à de sérieux défis. Cependant, si ces deux signes têtus expérimentent en prêtant attention et en essayant de céder, ils ont le potentiel d'un avenir merveilleux.

Le Taureau et la Vierge sont des signaux terrestres, et lorsque des éléments similaires se rencontrent, ils forment un lien instantané.   La relation Taureau-Vierge est basée sur la raison, car les deux signes apprécient le pragmatisme. Cependant, le Taureau est un peu capricieux par rapport à la Vierge suspecte. Le Taureau sait certainement comment se satisfaire, tandis que la Vierge préfère jouer la sécurité. En fin de compte, ce couple est fort parce que la Vierge respecte profondément les qualités du Taureau et admire la façon dont ils célèbrent la magnificence de la vie. Le Taureau apprécie l'attention aux détails qui caractérise la Vierge. En fait, ces deux signes ont beaucoup de similitudes et s'ils sont patients, ils peuvent travailler ensemble et le couple offre un potentiel d'évolution incroyable.

Taureau et Balance, les deux signes sont gouvernés par Vénus, la planète de l'amour, de la beauté et de l'argent. Ils forment une combinaison romantique, car la sensibilité du marsouin est compensée par la diplomatie sereine de la Balance, et l'esthétisme de la Balance est perfectionné par les passions domestiques du Taureau. Ces deux signes s'accordent sur de nombreuses questions importantes, bien que parfois, lorsque la personnalité possessive du Taureau est compromise par l'interaction sociale insistante de la Balance, le bovin se sent déséquilibré. Mais en fait, ce n'est pas inquiétant car, après tout, ces conflits sont résolus au lit, où le couple Balance Taureau brille vraiment avec un sexe admirable.

Taureau et Scorpion, sont des signes opposés, ici l'attraction est vraiment automatique. Les deux aiment la prospérité. Le Taureau se concentre davantage sur lui-même que sur le Scorpion, qui se soucie davantage de son partenaire et de sa famille. Les deux ont un besoin extrême de sécurité enraciné dans la relation, mais ils la projettent différemment. Le Taureau valorise la moralité et la sincérité et déteste l'adultère, mais le Scorpion n'aime pas être réservé. Le désir de sécurité d'un Scorpion est basé sur son besoin d'être continuellement protégé par son partenaire.

Bien que tout ne soit pas parfait dans cette relation, parce que le Taureau a besoin de confort matériel, tandis que le Scorpion cherche le contrôle émotionnel, quand ils se réunissent, ils peuvent former un grand couple basé sur le respect mutuel.

Le Taureau et le Sagittaire vont inversement, curieusement, ces deux signes ressentent une attraction indiscutable l'un pour l'autre. Le Sagittaire apprécie le pouvoir décisionnel du Taureau, et bien que le mode de vie nomade du Sagittaire menace la tranquillité du Taureau, il est intrigué par son esprit impatient. Où
Le sexe est génial entre ce couple, chacun s'apprend à essayer quelque chose de différent. Mais en dehors de la pièce, ces deux-là doivent s'efforcer de maintenir une relation d'intégrité et de durabilité. Le Taureau devra faire de la place pour le Sagittaire, et
Le Sagittaire doit trouver la paix dans la sphère domestique du Taureau. Si chacun apprend à accepter les différences de l'autre, ce couple dégage une chimie incroyable.

Le Taureau et le Capricorne, est un couple très compatible. Le Taureau admire intensément l'effort ferme du Capricorne, et le

Capricorne aime l'élégance et la domesticité du Taureau. Les deux
sont des personnes avec beaucoup de compétences et les pieds sur
terre, qui se comprennent parfaitement. Bien sûr, dans toutes les
relations, le travail est présent et, dans ce cas, les deux parties doivent
s'efforcer de s'engager. Le Taureau encouragera le Capricorne
équival, un effort futile pour ce fils de signe du seigneur du karma, et
de même, en tant que signe de l'élément terre, le Capricorne essaiera
d'ordonner au Taureau de prendre ses responsabilités, cependant, si
ces deux signes se concentrent sur leurs similitudes et non sur leurs
différences, ils peuvent très bien fonctionner.

Taureau et Verseau, est un drame de pommes. Les vues
traditionnelles du Taureau sont dépassées par rapport aux libéraux du
Verseau, dont la créativité se traduit par une extravagance artistique
rebelle. Alors que le Taureau nécessite organisation et bien-être, le
Verseau est stimulé par l'abstrait ou l'intellectuel. En fait, il n'y a
peut-être pas de signes aussi intransigeants que ces deux-là, donc la
paire de Taureau avec le Verseau est très difficile. Si le Taureau et le
Verseau recherchent une relation, ils devraient se concentrer sur
l'engagement, la patience et la tolérance pour assurer une relation
pure. Les deux signaux doivent apprendre à communiquer à travers

des intérêts communs. De cette façon, ils auront une relation solide et stable.

Le Taureau et les Poissons ont un potentiel incroyable en tant que couple. La créativité des Poissons dans la vie pour la vision efficace de l'or T et la consistance du Taureau fournissent un système de support pour que les Poissons découvrent leur caractère unique. Il y a une union incroyable entre ces deux signes, même s'ils sont très différents. L'agilité des Poissons peut rendre l'écurie du taureau inconfortable. Si un conflit survient, le Taureau doit faire très attention à la disparité. Les Poissons sont très émotifs, et si vous vous sentez gêné, vous pouvez disparaître pour toujours. Peu d'intérêt et d'effort communs, de sorte qu'une relation peut naître sans expiration.

Gemeaux

Gémeaux, est un signe d'air qui peut se développer en douceur parmi vos amis, les fêtes et les nuits de rumba. Les Gémeaux sont gouvernés par Mercure, la planète de la communication ; Ainsi, vous pouvez toujours trouver des sujets intéressants avec lesquels discuter.

Gémeaux est une excellente anecdote, et son énergie dynamique et son magnétisme attirent les couples romantiques. Les personnes jalouses devraient savoir que les Gémeaux ne sont pas seuls, car ils ont toujours des fans et des adeptes. Alors que les Gémeaux expriment ses émotions à l'extérieur, elle aime les cacher. Cette expression de soi est fondamentale pour le jumeau mercurial ; Il a donc besoin que toutes les lignes de communication soient ouvertes et disposées à recevoir des informations de ce type.

En fait, il ne se soucie pas de la façon dont ses idées sont transmises, l'action de partager ses pensées est plus importante que ce qu'il dit. Il n'y a rien que les Gémeaux méprisent plus que le temps libre, il est toujours occupé. Il ne peut pas arrêter de faire des tours avec ses multiples divertissements, inclinations et obligations sociales. Ce signal aérien peut se plaindre d'être surchargé, mais lorsque vous passez en revue votre horaire quotidien, toutes vos courses sont facultatives, ce qui montre que l'horaire des Gémeaux n'est rien de plus que le résultat de votre dualité unique.

Les Gémeaux aiment partager leurs pensées et leurs idées, mais ils ne savent pas écouter, ils sont facilement distraits ; par conséquent, il est crucial de s'assurer que la paire de Gémeaux fait attention à vous. Si vous le voyez s'éloigner de la conversation, n'hésitez pas à lui dire et à lui rappeler que la communication est entre deux. Il n'est pas facile de garder l'intérêt des Gémeaux, en fait, il ne sait pas comment rester concentré. Vous avez tout vu et la meilleure façon de garder votre regard fixe est de le garder haut. Faites les changements nécessaires et n'oubliez pas que vous ne devez jamais compromettre vos valeurs ou vos besoins. Tout en apprenant à connaître les Gémeaux, profitez de la découverte de votre multi-diversité. La technique de séduction qui fonctionne avec les Gémeaux est de parler, et étant le signe le plus polyvalent, il adorera vous dire vos passe-temps et vos intérêts. Être si curieux, traiter ce signe est comme se regarder dans le miroir, car il a la merveilleuse capacité de refléter ce qu'il vous dit. Cela peut sembler étrange, mais c'est vraiment la nature de ce signe. Sortir avec un Gémeau est une expérience stimulante, vous devez être prudent car les Gémeaux nécessitent une stimulation constante, ce qui rend parfois difficile de savoir ce qui est émotionnellement profond. Assurez-vous d'avoir le temps de vous asseoir et de passer du temps avec votre partenaire Gémeaux sans distractions, et rappelez-vous que les réceptions agréables ne sont jamais sans temps.

Les Gémeaux aiment le sexe, mais c'est une autre forme de communication. Les Gémeaux ont un fort appétit sexuel et, pour l'exciter, juste quelques commentaires perspicaces. Quand il s'agit de propos sales, Gémeaux a écrit une encyclopédie ; Ensuite, vous pouvez l'exciter en lui expliquant exactement ce que vous aimez faire au lit. De cette façon, il ressentira et analysera en même temps, une combinaison qui est orgasmique.

L'une des particularités des Gémeaux est la rapidité avec laquelle ils se remettent des erreurs les plus dévastatrices. Contrairement à d'autres signes, il n'est pas gouverné par son ego. Il aime s'amuser, donc il ne laisse pas son ego se mettre en travers de son chemin, donc quand il commet une erreur, il ne se met pas sur la défensive. Si Gémeaux doit présenter des excuses, il le fera immédiatement. Bien que cette qualité soit super respectée, elle n'est pas complètement généreuse. Gémeaux s'attend à ce que vous acceptiez ses excuses dans la même hâte. Les Gémeaux sont plus heureux quand ils sont occupés, et dès que le calendrier devient trop détendu, ils trouvent un moyen de changer les choses. Ce n'est pas que ça lui fait peur, ce qui arrive, c'est qu'il n'aime pas s'ennuyer.

Tout cela peut être un défi pour les paires de jumeaux. Les relations stables nécessitent beaucoup de soins, et les Gémeaux ne peuvent pas l'offrir facilement, donc lorsque vous êtes dans une relation, vous devez vous assurer de prioriser vos relations.

Puisque ce signal aérien est prêt à tout essayer au moins une fois, mais parfois deux fois, il aime explorer différents aspects de sa personnalité à travers ses relations amoureuses.

Bien qu'il ne le conçoive pas, Gémeaux cherche une porte sereine qui équilibre son espace intime ou familier, car pour les changements, il en a déjà assez avec les sas. Ce signal aérien est constamment à la recherche de quelqu'un qui peut maintenir une bonne relation, et pour la raison qu'il est toujours peu concluant.

Gémeaux and Bélier est une relation forte avec toutes sortes de dynamiques, y compris l'amitié et la romance. Tout comme le Bélier, tandis que les Gémeaux apprécient leurs erreurs et apprécient l'élan de chacun. Avec leurs blagues, leurs mots codés et leur amusement, les Gémeaux et le Bélier se mettent en valeur. Le danger, cependant, est que ni les Gémeaux ni le Bélier ne sont particulièrement doués pour terminer la nuit.

Dans ce couple, il est important que quelqu'un ne prenne pas ses responsabilités. Sinon, il peut être difficile pour ces fêtards de cultiver une relation saine et émotionnellement forte.

Les Gémeaux et le Taureau ne sont pas une relation confortable, mais si les deux sont engagés, vous pouvez avoir une relation à long terme. Le Taureau, avec son fort caractère, ne craint jamais de fixer des limites. Les Gémeaux ont une façon complètement différente de voir le monde ; par conséquent, vous ne comprenez pas l'exigence de sécurité Taurus. Cependant, s'ils peuvent négocier entre la permanence et la transition, ils peuvent s'éduquer mutuellement avec des leçons inestimables. Si le Taureau et les Gémeaux sont prêts à apporter des changements substantiels pour compenser les besoins de l'autre, cette relation a le potentiel d'être stimulante et amusante.

Deux jumeaux, et c'est comme une fête en plein jour. Ils comprennent profondément et ne se lassent jamais. Le problème avec ce couple est qu'ils n'ont peut-être aucune perspective. Pour qu'une relation Gémeaux^2 soit réussie à long terme, chacun doit s'assurer d'apprendre à écouter. Les deux auront beaucoup d'idées novatrices, mais à moins que l'un d'eux ne soit prêt à offrir la stabilité, ils risquent de perdre le contrôle et de tuer la relation.

Les Gémeaux et le Cancer peuvent construire une belle relation si vous le souhaitez. Le cancer a une approche très caractéristique de la vie parce qu'il est très compétent et intuitif, et a besoin de beaucoup d'amour et de validation pour se sentir en sécurité. Au début, il peut sembler que le cerveau des Gémeaux ne pourra jamais offrir ce genre de configuration, mais Gémeaux est flexible. Si le Cancer peut communiquer directement ses besoins, Gémeaux s'efforcera de répondre à ses besoins. Les émotions profondes et la sensibilité du cancer sont également mises à l'épreuve par le détachement des jumeaux. Cependant, si Gémeaux enlève son masque, cela pourrait être une paire qui vaut la peine d'être conservée. En fin de compte, bien que cette relation nécessite des efforts et des investissements, ces signaux peuvent créer une connexion compatissante et amusante.

Les Gémeaux et le Lion sont l'esprit de chaque fête, ensemble, ils forment un couple efficace et actif que vous devez remarquer et écouter. Lion est séduit pour être le centre de l'action et, il n'y a rien qui séduit les Gémeaux plus que de trouver la célébration. Ces deux ambassadeurs sociaux sont heureux des rencontres, mais divergent sur de nombreux points.

Lion aime briller devant le public, mais en fin de compte, ce qu'il recherche, c'est une relation honnête. Les Gémeaux, d'autre part, ne sont pas intéressés à impressionner qui que ce soit. En fait, les Gémeaux se soucient de nourrir ses désirs anxieux par curiosité.

Quand Lion veut établir la confiance, les Gémeaux veulent s'amuser. En conséquence, Lion peut apprécier les Gémeaux comme insensibles, tandis que les Gémeaux peuvent se sentir frustrés par le besoin de Lion.

Cependant, grâce à la communication, ils peuvent apprendre à avoir une relation basée sur la persécution et le plaisir.

Les Gémeaux et la Vierge sont gouvernés par Mercure, la planète de la communication, mais partagent une compréhension et une appréciation sublimes de l'expression. Cependant, malgré cette influence, ces deux signaux ont des façons très différentes de transmettre l'information. Les Gémeaux sont évasifs, tandis que la Vierge est éminemment excessive. Les Gémeaux sont perspicaces et rapides avec leurs pensées, tandis que la Vierge, analyste et processeur astucieux, ne préfère les idées qu'après les avoir organisées correctement. Par conséquent, une relation entre ces deux signaux les oblige à travailler dur pour s'assurer qu'ils partagent et écoutent de manière égale. Sinon, les Gémeaux finiront probablement par monopoliser la conversation, tandis que la Vierge stockera une colère taciturne envers son compagnon exorbitant et bavard. Les Gémeaux, est sociable et peut même rendre la Vierge frénétique ou jalouse, cependant, lorsque chaque signal la laisse baisser la garde et qu'elle décide de s'amuser, cette relation a du potentiel.

Entre les Gémeaux et la Balance, il y a une connexion instantanée quand ils sont à l'intérieur. Les deux sont alignés en plein équilibre. Les deux ont des histoires amusantes et fascinantes et de nombreuses fêtes fabuleuses.   Cependant, la tension peut surgir lorsque la Balance, avec tout son charme, est déçue par les blagues des Gémeaux. La vérité est que les Gémeaux parlent de tout à n'importe qui avec tout, et la Balance est plus sélective quand il s'agit d'entamer une conversation, quelque chose que les Gémeaux pourraient trouver un peu vaniteux. Cependant, si chaque signal est capable d'accepter l'approche de l'autre, la paire peut durer longtemps.

Les Gémeaux et le Scorpion sont facilement irréguliers. Les Gémeaux sont trop occupés par les nombreuses émotions de la vie pour s'impliquer dans un drame spécifique, tandis que le Scorpion n'oserait jamais baisser sa garde à moins de savoir que c'était une réalité. Fait intéressant, les Gémeaux et le Scorpion sont attirés d'une manière puissante et séduisante. Les Gémeaux sont hypnotisés par le scorpion spirituel et le Scorpion est préoccupé d'essayer de gagner l'affection des Gémeaux. Au début, la relation est stimulée par le désir, mais une fois le couple établi, ils font face à des difficultés majeures. L'ingénieux Gémeaux besoin de liberté, tandis que le puissant Scorpion exige une loyauté inébranlable. Et tandis que les Gémeaux sont flexibles, le Scorpion s'accroche à ses sentiments ; Il est donc important pour les deux de s'entraîner à lire les chemins de l'autre. Ce couple n'est pas facile, mais ils ont une alchimie extraordinaire, surtout sexuelle, et cela peut rendre cette relation digne de tout le travail.

Les Gémeaux et le Sagittaire sont compatibles, en fait, cette paire est l'une des plus dynamiques de tout le zodiaque. Ces signes sont par nature et quand ils se rencontrent, ils forment un amoureux incroyablement exquis du pouvoir du couple récréatif. Ils ont des approches similaires de la vie et abordent le monde avec la même frénésie et le même optimisme. Les Gémeaux et le Sagittaire sont des conteurs naturels, et la stimulation mentale entre ces deux signaux fait que les neurones se projettent à grande vitesse. Fondamentalement, c'est une relation qui ne nécessite pas beaucoup de travail, mais elle ne devrait pas prendre votre relation pour acquise. Toutes les relations nécessitent de la confiance et de l'engagement, donc les deux doivent s'assurer qu'ils ne prennent pas trop de libertés.

Cirque fondamentalement, l'ego du Sagittaire peut causer des problèmes, mais les Gémeaux avec ses capacités d'attelle sauront comment canaliser les circonstances. De toute évidence, le Sagittaire a beaucoup à se vanter, mais il doit être plus humble.

Gémeaux et Capricorne, c'est une relation qui demande beaucoup de dévouement. Le Capricorne cst stupéfait par les Gémeaux. Le signe du zodiaque le plus difficile ne comprend pas comment quelqu'un d'aussi irrégulier peut obtenir autant de succès. Dans la façon dont le Capricorne termine le travail, Gémeaux, en tant que sorcier, montre les différentes façons dont il réussit, laissant le Capricorne étonné et complètement amoureux. Grâce à la communication, ces deux-là peuvent progressivement apprendre à mieux se comprendre. Pour construire une relation saine, le Capricorne doit permettre aux Gémeaux de changer d'avis fréquemment. Les Gémeaux doivent communiquer son processus mental au Capricorne, afin que son père compagnon puisse raisonner sur les raisons de ses changements d'esprit disproportionnés. Dans un sens, la dynamique de cette relation peut fonctionner, mais elle nécessitera une consécration des deux côtés.

Les Gémeaux et le Verseau ont des idées similaires. Aquarius est très intrigué par les jumeaux perspicaces, et cela à son tour est enchanté par l'attitude inaltérable du Verseau et sa passion profondément humanitaire. Les Gémeaux et le Verseau se comprennent avec maturité et savent affiner l'imagination de l'autre avec un grand dialogue. Cependant, Aquarius est connu pour ses idées extrémistes rebelles, qui, bien que merveilleuses, peuvent agacer les Gémeaux, qui préfèrent généralement la familiarité à la rébellion. Cependant, malgré une petite ellipse didactique, il est facile pour ces deux-là d'apprendre à être ensemble. Cette relation peut devenir un roman formel et durable.

Les Gémeaux et les Poissons ont une relation complexe. Puisque les Gémeaux sont personnifiés par des jumeaux, ce signal d'air apporte sa dualité au visage. D'autre part, différents profils de poissons sont moins visibles à l'œil nu. Le signe du poisson représente deux poissons unis se déplaçant dans des directions opposées, symbolisant leur relation avec les royaumes subtils et terrestres.

Parce qu'ils ont tous les deux deux visages, ils comprennent le besoin de liberté de l'autre et se cherchent. Cependant, ni les Gémeaux ni les Poissons ne sont doués pour créer des limites, donc cette paire doit se battre pour créer une dynamique. Les Poissons, est sensible et peut soupçonner les objectifs derrière la subtilité rusée des jumeaux. Cependant, les Gémeaux sont susceptibles de penser que les Poissons sont trop dramatiques. Pour travailler, ce couple a besoin de communiquer honnêtement et sans jeux.

Cancer

Le cancer est un signe d'eau symbolisé par un crabe marchant entre la mer et sa côte, une capacité qui se reflète également dans sa capacité à fusionner les états émotionnels et physiques. L'intuition du cancer qui provient de sa partie émotionnelle se manifeste de manière tangible, et puisque la sécurité et l'honnêteté sont fondamentales à ce signe, il peut être un peu froid et distant au début.

Le Cancer révèle peu à peu sa douceur d'esprit, ainsi que sa compassion authentique et ses capacités psychiques. Si vous avez de la chance et gagnez sa confiance, il constatera que, malgré sa timidité initiale, il aime se séparer. Pour cet amoureux, le couple est vraiment le meilleur cadeau et récompense les relations avec leur loyauté indestructible, leur responsabilité et leur soutien émotionnel. Il a tendance à être assez familier et sa maison est un temple personnel, un domaine où il peut exprimer sa personnalité.

Avec ses capacités domestiques, le crabe est aussi un invité sublime. Ne soyez pas surpris si votre partenaire atteint de cancer aime vous flatter avec des aliments cuisinés à la maison, car il n'y a rien que vous aimez plus que les aliments naturels. Cancer se soucie aussi beaucoup de ses amis et de sa famille et aime assumer des rôles de gardien qui lui permettent de créer des liens avec ses compagnons les plus proches. Mais n'oubliez jamais que lorsque le cancer investit émotionnellement dans quelqu'un, il risque de desserrer la ligne entre les soins et le contrôle.

Le cancer a aussi une nature capricieuse comme la Lune et une propension à l'instabilité. Le cancer est le signe le plus grincheux du zodiaque. Vos partenaires doivent apprendre à apprécier leurs variations émotionnelles, et bien sûr, le cancer doit également contrôler leur propre sensibilité.   Vos habitudes défensives ont un côté opposé et lorsque vous vous sentirez provoqué, vous n'hésiterez pas à être sur la défensive. Le cancer devrait se rappeler que les erreurs et les luttes occasionnelles ne font pas de votre partenaire votre ennemi. De plus, vous devez vous efforcer vigoureusement d'être présent dans vos relations.

En tant que signe émotionnel et intrusif, il est facile pour vous d'approcher la plupart du temps et si vous ne restez pas présent dans une relation, la prochaine fois que vous quittez votre coquille, votre partenaire peut ne plus être à vos côtés. Le cancer peut se sentir, et dès qu'il sort du carapacho, c'est une éponge émotionnelle. Votre partenaire atteint de cancer absorbera vos émotions, ce qui peut parfois vous soutenir, mais d'autres fois, elles peuvent être suffocantes. Il n'est pas facile de dire si le Cancer imite ou sympathise avec vous, mais comme ils sont tellement connectés à leur partenaire, cela ne fait aucune différence.

Si le soutien émotionnel du cancer rendait votre personnalité difficile, vous feriez mieux de laisser tomber. Ce signal sensible est facilement contesté même par l'opinion la plus subtile, et bien qu'il évite les conflits directs en marchant en biais, il peut également utiliser ses molaires. Ce comportement caractéristique négligent et provocateur est attendu, et il est rare de dater le cancer sans éprouver son mauvais caractère caractéristique au moins une fois.

En raison de la sensibilité du cancer, il n'est pas facile de discuter avec lui, mais avec le temps, il apprendra quels mots dire et, peut-être plus important encore, ce qu'il faut éviter. Soyez conscient de ce qui agace votre partenaire et, avec le temps, il sera plus facile d'avoir des dialogues difficiles.   Il est important de savoir comment cette créature magique fonctionne dans ses meilleurs et ses pires moments. En fin de compte, la chose la plus importante à retenir est que le cancer n'est jamais aussi indifférent qu'il n'y paraît.

La chose la plus difficile avec le cancer est de pénétrer sa surface dure et rigide. Pour cette raison, la tolérance est essentielle lorsque vous flirtez avec le cancer. Gardez un rythme lent et régulier, et au fil du temps, vous gagnerez la confiance nécessaire pour révéler votre vrai moi. Bien sûr, cela peut être un processus long et compliqué, et la moindre erreur peut mettre le Cancer sur la défensive, de sorte que deux pas en avant peuvent se transformer en un pas en arrière. Ne vous découragez jamais, ce n'est pas personnel, c'est juste la physiologie d'un crabe.

Le cancer peut avoir des relations sexuelles occasionnelles, mais ce signe d'eau douce préfère les relations qui ont une intimité émotionnelle. Rappelez-vous que le cancer doit être complètement réservé avant de quitter votre visage, et cela est particulièrement important en ce qui concerne la sexualité. Pour le crabe, la confiance se nourrit de la proximité physique. Vous pouvez commencer à cultiver une relation sexuelle avec le Cancer, en vous intégrant petit à petit, en tenant compte de votre rythme et de vos caresses. Cela permettra au Cancer de se sentir plus à l'aise avec la fusion de l'expression émotionnelle et physique, en s'assurant que vous vous sentez protégé ou avant de commencer à faire l'amour.

Bien que le cancer soit patient et ait tendance à être extrêmement loyal parce qu'il a besoin de se sentir protégé ou compris par votre partenaire, vous pouvez rechercher l'intimité chez quelqu'un d'autre si vous sentez que ces exigences ne sont pas remplies.

  Le cancer peut être très nocif, donc toute relation secrète sera calculée, et un crabe errant rendra nécessaire d'apporter des ordures à la tombe, de prendre des mesures supplémentaires pour empêcher la découverte de la rencontre en enterrant des preuves sur le rivage.

En fait, même le crabe le plus fidèle aura des secrets, mais cela ne signifie pas qu'ils sont mauvais ou mauvais. Tout le monde mérite de garder certaines choses privées, plus un peu de mystère donnera une touche à la relation.

Le cancer ne trouve pas facile d'établir une relation sérieuse et engagée, et quand vous vous sentez en sécurité ou ne voulez pas la rompre.

Le cancer a tendance à rester dans les relations même après la mort des étincelles parce que tout simplement, le cancer est un cœur sentimental. Mais, bien sûr, toutes les relations ne sont pas prédestinées à durer éternellement.

Ce signe d'eau n'a pas besoin d'être vindicatif, mais quand votre cœur est brisé, vous savez comment fixer des limites. Supprimer votre numéro de téléphone, le bloquer et le désaccompagner sur les médias sociaux vous permet de vous protéger de la douleur lors d'une séparation. Donc, si votre relation avec le cancer prend fin, attendez-vous à recevoir une liste complète des règles. Le cancer peut être idéaliste, et ce signe d'eau cherche certainement la transcription d'un roman. Cependant, il interagit différemment avec chaque signe du zodiaque.

Cancer et Bélier, c'est une relation difficile. L'attitude ambitieuse du Bélier diffère de la profonde tendresse du cancer. En conséquence, le Bélier peut se sentir noyé par le besoin de Cancer et le Cancer peut se sentir abandonné par la nature positiviste du Bélier. Le cancer est également gêné par les conflits directs, et comme son symbole astrologique, le crabe, il préfère esquiver les situations difficiles plutôt que de faire face aux conflits du front, qui est la forme la plus courante du Bélier. Le Bélier n'aime pas beaucoup ces tendances passives, cette relation peut donc parfois être difficile. Lors de la formation d'une paire avec le Bélier, le Cancer devrait adopter une perspective plus directe sur la résolution des conflits. Le Bélier évaluera son sang-froid, et ce raisonnement permettra aux deux signaux de créer une union indestructible. Si vous apprenez à respecter, vous pouvez vous attendre à une relation durable basée sur l'amour et le soutien.

Cancer et Taureau sont romantiques et savent comment se donner le soutien émotionnel dont ils ont besoin. Bien qu'ils aient tendance à être possessifs, le Taureau apporte sécurité et loyauté au Cancer sensible, et le style de séduction doux du Cancer les attire. Les frictions ne surviennent que lorsque les deux commencent à se censurer. Si le Cancer broie assidûment sa pince à épiler, le Taureau commencera à endormir son ressentiment dans quelque chose qui finira par exploser en une corrida titanesque.   Favorablement, ils peuvent éviter les tensions en communiquant sincèrement et en appréciant les dons de chacun.

 Le cancer et les Gémeaux sont une relation amusante. Le cancer sensible et aquatique a besoin de beaucoup d'affection de la part de votre partenaire pour se sentir en sécurité et aimé. Au début, on se demande comment les G-émini spontanés, qui jouissent d'une telle liberté pour explorer leurs divers intérêts, peuvent s'intégrer. Cependant, en signe d'air variable, il est également très flexible. Si le Cancer peut clairement informer vos besoins, Gémeaux travaillera pour y répondre. Les Gémeaux peuvent être assez indifférents et solitaires, tandis que le Cancer est une goutte d'émotions, mais tant que les Gémeaux sont prêts à sympathiser avec le Cancer, cela peut être une relation affective et plutôt amusante.

Le cancer et le cancer peuvent être une relation durable. Quand deux crustacés se connectent, c'est une histoire d'amour. Sensible et instinctif, il sait faciliter le soutien émotionnel auquel aspire l'autre. Les deux sont faits maison et apprécieront de passer du temps ensemble, au chaud dans le lit ou le fauteuil, ou de créer une atmosphère chaleureuse dans le lieu qu'ils partagent. Cependant, des difficultés peuvent survenir lorsqu'ils se sentent très à l'aise. Si ces amoureux de l'océan se souviennent de s'encourager mutuellement et d'ouvrir leurs visages durs pour se faire entièrement confiance, cela peut être une relation immortelle.

Cancer et Lion, pas exactement un couple facile, ne signifie pas que c'est improbable, puisque, curieusement, le crabe et le lion ont beaucoup en commun. À leur manière, le Cancer et le Lion ont besoin d'amour, de gratitude et de validation.

Alors que le Lion dramatique cherche les éloges et la loyauté, le cancer sensible veut être nécessaire et compris. La recette du conflit entre ces signaux est assez évidente. Lion étant si dramatique et désiré pour les applaudissements de son environnement, ajouté au cancer, fait maison, fait que ce dernier se sent mal aimé, ce qui conduit Lion à assumer la sécheresse du Cancer comme quelque chose de personnel et ici commence à discuter. Cependant, si le Cancer et le Lion gèrent leurs sentiments, il n'est pas difficile d'éviter ce type de conflit.

Un dialogue ouvert et une grande tendresse contribueront à renforcer cette relation amoureuse.

Le cancer et la Vierge, bien qu'il existe des différences évidentes entre eux, car le cancer se déplace des émotions, tandis que la Vierge le fait logiquement, peuvent former une paire vigoureuse, bien que pour cela, vous deviez les tromper un peu. Alors que le Cancer et la Vierge apprennent à se connaître, la relation a beaucoup de trébuchements et va souvent de l'avant et prend du retard. Cependant, une fois la confiance établie, ce couple est très profond. Bien que, au début, aucun d'entre eux ne soit attiré à parler de ses sentiments, s'ils sont également impliqués, ils peuvent trouver la sécurité dans leur respect mutuel et leur confiance en soi.

Cancer et Balance, au début de la parade nuptiale, l'attitude adoptée par le cancer confond la Balance, qui travaille sans relâche pour essayer d'impressionner le crustacé grincheux. Au lieu de cela, la communication et le comportement très coquin de la Balance font soupçonner le Cancer de ses intentions. Sarcastiquement, le Cancer et la Balance craignent que l'autre signal ne les contredise. Cependant, parce que le Cancer accepte la particularité de la Balance et comprend l'esprit du cancer, les deux peuvent se rapporter harmonieusement.

Cancer et Scorpion, appartiennent à l'eau de l'élément, ici la relation est pâteuse. Le cancer est une créature extrêmement sensible, vous devez donc établir votre familiarité et votre loyauté avant de révéler vos faiblesses. En conséquence, le scorpion d'un avis similaire est un partenaire merveilleux pour le crustacé délicat. Cette connexion est basée sur des idées profondes et des capacités psychiques ; Ainsi, le cancer et le scorpion peuvent souvent communiquer avec des formes d'expression non orales. Le cancer et le scorpion peuvent être très impulsifs, les deux portent beaucoup d'émotions, mais ils savent comment s'entraider, éclairant le chemin vers leurs moments les plus sombres.   En fin de compte, ils recherchent tous les deux la même chose : l'intimité.

Le Scorpion est très possessif, donc le cancer devrait être capable de s'adapter à plusieurs reprises en montrant votre amour.

Le cancer et le scorpion aiment une belle vie. Posséder une maison majestueuse ornée de luxe.

Cancer et Sagittaire, c'est une relation difficile mais pas impossible. Dans un premier temps, chacune de ces deux énergies très différentes peut être attirée par les différences de l'autre. Le Sagittaire parle rapidement et se sent renforcé par l'esprit du cancer, tandis que le crustacé est ensorcelé par la délicatesse sans effort du Sagittaire optimiste. Le besoin d'aventures en Sagittaire ne correspond pas bien aux désirs familiers du cancer. Dans un couple avec des personnes de ces signes, le cancer devrait se rappeler que la maison n'est pas un territoire, mais un état d'esprit. De même, le Sagittaire devra comprendre que la stabilité ne signifie pas les donjons. Si vous êtes prêt à changer un peu vos évaluations, il y a beaucoup d'attentes pour cette relation.

LeCapricorne, bien qu'astrologiquement opposés, partagent des valeurs similaires : tous deux se soucient profondément de la famille et des amis, ainsi que de la construction d'un avenir durable. Bien qu'apparemment moins émotif que le Cancer, le Capricorne qui travaille apprécie profondément la sensibilité cancéreuse. D'autre part, l'intuition du cancer peut apporter une spiritualité indispensable à l'aspect pratique du Capricorne. La relation Cancer-Capricorne est parfaite car les deux signes aiment nicher et construire des espaces sûrs. Cependant, comme les deux peurs changent, le Cancer et le Capricorne doivent travailler dur pour s'assurer que leur relation n'étouffe pas. Après tout, vous n'avez pas à vous blottir près du feu tous les soirs de la semaine. Il est également normal de s'amuser loin de chez soi de temps en temps.

Cancer et Verseau, bien que cette relation semble étrange au premier abord (le cancer est assez traditionnel, tandis que le Verseau est extrêmement progressiste), les deux signes sont en fait des penseurs innovants avec des idées brillantes sur la façon de vivre de manière créative et percutante dans le monde. Leurs perspectives, cependant, sont très différentes. Les vues du Cancer reflètent toujours sa réalité immédiate, tandis que le Verseau théorise à 30 000 pieds. En conséquence, il peut y avoir une certaine discorde dans une paire d'aquariums cancéreux. Ils doivent s'efforcer de faire en sorte que les besoins de chacun soient pris en compte.

Cancer et Poissons, est une relation dans laquelle le crabe peut enfin trouver son partenaire amoureux. S'il y a une chose qui relie un poisson et un cangrejo, c'est qu'ils donnent tous les deux à l'amour la place la plus importante dans leur vie.   Ils pensent tous les deux que l'amour est la force motrice et qu'il nous donne la force de fonctionner dans la vie. La force de la passion que les deux ressentent pour leurs partenaires les fait couper et tomber dans les bras l'un de l'autre. La seule difficulté est que les Poissons marchent toujours dans les nuages et ignorent l'avenir, ce qui est fondamental pour le cancer. Si le crustacé ne voit pas que ses plans sont en place, il choisit de rompre la relation. Mais en général, ils ont des sentiments similaires, ce qui en fera un couple jaloux. Les deux aiment partager intimement et la chaleur de Cancer and Fish suggère une relation engagée dans laquelle il sera facile de parvenir à un consensus.

Lion

Symbolisé par le lion, ce signe ne vous laissera pas oublier. Bien que son caractère soit joyeux, il a aussi une rugosité féroce qui accompagne son hurlement. Tout ce que fait Lion est tragique, et quand il se met en colère, il ferait mieux de s'écarter. C'est un signe fixe ou, très ferme dans ses idées, constant dans ses objectifs et obstiné dans sa façon d'agir.

Léo est un complice diligent qui met son cœur dans chaque relation. Bien sûr, cela peut aussi être incroyablement intransigeant, mais le Web est toujours un aperçu de votre honnêteté. Lion est inspiré par le drame, mais il est aussi profondément sensible, Lion est sans doute le plus émotif de tous les signes de feu et se sent facilement blessé ; Ainsi, son partenaire devrait savoir comment nourrir cet exemple de costume.

La loyauté est très importante pour Lion, donc quand vous entrez dans son domaine, il vous demandera l'amour absolu. Lorsque ce signal se sent blessé, il vaut mieux ne pas prodiguer de conseils, Lion cherche un soulagement, pas des rappels, et alors il se sentira trahi par son partenaire s'il commence à donner son avis sur n'importe quelle situation.
Le Lion vous emmènera à la limite parce qu'il aime être mis au défi, en tant qu'enfant, il sait qu'il est zodiacal et même le lion le plus prudent aura une position royale.

Ce signe ne se lasse jamais de recevoir des applaudissements. Des fêtes opulentes, des fêtes exclusives et des vêtements de marque vous font sentir aimé. Quand vous regardez, rappelez-vous qu'il n'est pas facile de suivre la rime. Parfois, il peut être difficile de sortir avec un signal aussi strict. Mais en fin de compte, cela en vaut la peine. Une fois que vous avez réservé votre place dans le cœur de Lion, vous ne voulez certainement pas abandonner le trône. Le Lion ne se soucie pas que son partenaire ait un ego, au contraire, le lion veut que son partenaire soit vanité et très confiant. Lion ne cherche pas un égocentrique, mais cette créature intrépide doit s'assurer que son partenaire porte la couronne avec dignité.

Lion valorise le concept de couple comme une extension de lui-même. Puisque ce signe de feu est connu pour son courage dans tout, de vos efforts créatifs à vos romans de style hollywoodien, il est important que vous le combiniez avec quelqu'un qui sait ce que vous cherchez. Quand il s'agit de sexualité, le lion brûlant peut aussi briller au lit. La plus grande excitation sexuelle du lion est de se sentir désiré. Il est ensorcelé par la séduction et l'affection doit être exposée à travers des citations ostentatoires et des expressions romantiques aux adultes. Ce signe hurle à l'idée d'être convoité, surtout quand ce désir brûlant se traduit par un amour passionné.
Ce lion de feu tombe toujours amoureux, aime que ses romans soient aussi grands que sa personnalité, et rien ne le fait hurler plus fort que l'adoration éhontée. Il a besoin d'être sous les projecteurs, afin qu'il puisse être séduit par des histoires d'amour dangereuses.
Lion ne trouve pas facile de se devoir des compliments, alors il gravite autour des félicitations. Si le drame se termine prématurément et que Léo est abandonné, c'est une autre histoire. Au début, sa réaction est généralement choquée et, après cette phase, il ressent une anxiété dévastatrice qui montre sa souffrance.

Bien que les choses empirent, le lion est une créature invulnérable qui retrouvera son chemin vers la lumière parce que Lionis est joyeux et intrépide, refusant d'accepter l'échec. Lion est toujours à la recherche d'un partenaire qui stimule son esprit car à la fin il déteste l'ennui.

Lion et Bélier, est une relation de feu pur où il n'est pas facile de contenir les flammes. Ces signaux se nourrissent les uns d'autres, créant une association enthousiaste basée sur le désir et l'audace. Bélier, vous comprenez volontiers le charisme dominant du Lion. Le Bélier, qui a également besoin de beaucoup d'affection, est réconforté par la noblesse et la chaleur de son compagnon lion. Bien que les deux signes soient sûrs d'eux, leur générosité se manifeste de manière très inégale. Le Lion a toujours son cœur à l'esprit, tandis que la principale préoccupation du Bélier est de sortir victorieux. Bien que ces signaux puissent faire de leur mieux dans une relation, ils doivent également garder leur ego sous contrôle. Sinon, la relation entre le Lion et le Bélier pourrait éventuellement s'éteindre.

Le Lion et le Taureau sont des individus loyaux et travailleurs, mais leur pédanterie et leur obstination peuvent parfois conduire à une opposition majeure. Le Taureau n'aime pas la magnificence du Lion et le lion se retrouve à grogner de l'obstination du taureau. En tant que couple, le Lion et le Taureau doivent vérifier que leurs motivations ne sont pas trop matérialistes, mais qu'ils adoptent une attitude plus indifférente que de soutenir une relation loyale. Après tout, le Lion et le Taureau ont beaucoup en commun, ils aiment tous les deux les bonnes choses de la vie. Donc, si les deux se concentrent sur leurs similitudes plutôt que sur leurs différences, ils profiteront d'une relation amusante.

Lion et Gémeaux est une relation qui est très audacieuse au début. Le Lion a besoin de se sentir comme un roi et, d'une manière ou d'une autre, les Gémeaux ont toujours des liens avec les lieux les plus importants de la ville. Cependant, à la fin de la journée, Lion veut rejoindre un fidèle compagnon. Malheureusement, les Gémeaux ne seront peut-être pas en mesure de jouer ce rôle car ils souhaitent continuer à faire la fête. Dans cette relation, les deux doivent apprendre à s'adapter aux besoins de l'autre. Le Lion doit compter sur la chaleur perpétuelle des Gémeaux, et les Gémeaux doivent vénérer la loyauté émotionnelle de Lion. Quand ces deux signes s'accordent, ce couple est efficace, ludique et très drôle.

Lion et Cancer, ce n'est pas une relation confortable. Lion est submergé par la mauvaise humeur du Cancer, et le Cancer est dérangé par le drame excessif de Lion. Si ces deux-là sont déterminés à faire fonctionner leur relation, ils devront s'unir autour de leurs valeurs communes telles que la loyauté, la famille et l'honnêteté. Le Lion et le Cancer sont également susceptibles de s'élever l'un à l'autre, s'aidant mutuellement à atteindre leur plein potentiel grâce à l'amitié. Afin de ne pas avoir de conflits, ce couple doit parvenir à un accord et en respecter les termes.

Lion et Lion. Lion aime célébrer son éclat, alors quand deux lions se rencontrent, ils passent la majeure partie de leur relation à parler de leur amour. Cette combinaison est un précipité destiné à être plein de sourires, de noblesse et de beaucoup d'idolâtrie. Mais aucun royaume n'est parfait, et parce que Léo a un ego exagéré, il s'attend à une opposition. Qu'ils se battent pour les projecteurs, le téléphone ou la flatterie, leur besoin mutuel de louanges peut forcer la relation. Cependant, le lion peut se calmer, donc pour que cette relation fonctionne, chacun doit souvent se caresser les cheveux et prendre le temps de la passion.

Le Lion et la Vierge, bien qu'en principe ils soient un couple improbable, le Lion ardent et la vierge idéaliste peuvent tirer des qualités positives l'un de l'autre. Tous les signes doivent être conscients que cette relation exige beaucoup de compréhension, de tolérance et, peut-être surtout, d'intégrité et de loyauté. Au début, la Vierge admire l'excentricité et la subtilité sociale du Lion. Le Lion est satisfait de cette idolâtrie, jusqu'à ce que la lueur commence à se dissiper. La Vierge a l'habitude d'idéaliser, mais comme rien n'est absolument parfait, ce signe de terre peut rapidement déchanter. Pour que ce couple fonctionne, il est important que chaque signe s'assure que la relation est établie pour la bonne raison, en veillant à ce que la relation ne soit pas promue par l'ego.

Le Lion et la Balance sont une relation efficace, quand ils sont ensemble, le Lion généreux et la Balance exquise apportent leurs meilleurs attributs à la relation. Ensemble, ils sont extrêmement sociables et incomparablement drôles, des attributs qui sont stabilisés par le don des balances. Cependant, parce que la livre aime garder la paix, elle a tendance à être assez hésitante. Le Lion exige une loyauté courageuse, de sorte que l'inquiétude de la Balance peut être frustrante. La Balance peut se sentir un peu étouffée par la possessivité du Lion. Cependant, s'ils peuvent concilier leurs différences, le Lion et la Balance se sentiront bien.

Lelo scorpion, bien que l'énergie du feu puisse parfois sembler limitée par l'eau, cette relation est une combinaison puissante. Les deux sont des signes fixes, ont des convictions fermes et des opinions fermes. En conséquence, il existe une tension évidente entre ces deux signes, ce qui peut conduire à des disputes et, peut-être plus important encore, à des relations sexuelles de première classe. Le Lion est particulièrement séduit par la nature mystérieuse du Scorpion, tandis que le Scorpion est stimulé par le Lion. Cependant, ces deux-là doivent se donner le temps d'établir l'intimité. Parce que le Lion et le Scorpion ont des façons si différentes de glisser autour du monde, chacun doit apprendre à comprendre les nuances de l'autre. Une fois la confiance établie, ni le Lion ni le Scorpion ne voudront s'arrêter.

Lion et Sagittaire, est une relation efficace. Léo a une flamme brûlante mais retenue, il a donc besoin d'un public. Le Sagittaire, d'autre part, ne connaît pas de limites. En conséquence, Léo s'appuie généralement sur ce signe qui l'admire. Le Sagittaire apprécie également le génie du Lion, bien que dans ce rapport, il souligne toujours sa liberté. Un couple Lion-Sagittaire peut passer des heures à bavarder, à rire et à se réjouir avec des histoires dynamiques et des conversations spirituelles.

Le Lion et le Capricorne sont des créatures différentes, le sérieux du Capricorne se concentre sur les avantages à long terme, tandis que le Lion est motivé par la gloire et la chance. Cependant, comme par magie, le Lion et le Capricorne forment un excellent couple romantique. Les deux signes sont très insatiables, donc bien que leurs techniques soient différentes, ils se vénèrent mutuellement et les discussions qui surgiront seront circonstancielles. En travaillant ensemble, le Lion et le Capricorne peuvent atteindre la grandeur. Le Capricorne enseigne au Lion la capacité d'abstraire et le Lion enseigne au Capricorne l'art de s'amuser. Si vous investissez pleinement dans votre relation, vous en aurez de grands avantages.

Le Lion et le Verseau, sont des signes opposés, forment un couple intéressant. Alors que le Lion symbolise le souverain, le Verseau représente l'humanité. Lorsqu'ils sont jumelés, ils peuvent créer un système de freins et contrepoids les uns pour les autres, guidés par la justice et la pensée progressiste. Cette relation existe dans un royaume magnifique et abondant, mais parfois le Verseau voit le Lion comme un égoïste.

Dans cette relation, les deux devraient s'efforcer de comprendre le point de vue de l'autre. Pour ce faire, le Lion doit contenir son ego et le Verseau doit élever sa compassion. Cette relation a un potentiel incroyable, donc un engagement sain sera payant.

Lion et Poissons, c'est un excellent rapport qualité-prix. Lion se sent plus heureux quand il peut émettre librement sa lumière tropicale et rayonnante. Les Poissons sont interconnectés avec la mer, et tout comme l'océan réfléchit la lumière du soleil au loin, les Poissons sont heureux d'accueillir, et même d'améliorer, la luminosité vibrante du Lion. Bien que cette relation puisse être efficace et séduisante, il est important que le lion majestueux ne se laisse pas engloutir par l'extrême sensibilité des Poissons. Pour assurer une relation heureuse, les deux doivent se rendre pour embrasser les qualités les plus fortes de l'autre, applaudissant leurs différences avec une appréciation douce et un respect sincère.

# Vierge

La Vierge, est un signe de terre représenté par la déesse de l'agriculture. La Vierge est habile et méthodique, précise et cherche à s'améliorer, ce qui fait d'elle l'un des meilleurs couples du zodiaque. La Vierge est une érudite et les mots et les idées inspirants sont aphrodisiaques pour ce signe de Terre.

La Vierge est généralement une lectrice vorace, passionnée de cinéma ou de musique. En tant que signe changeant, il est également ouvert d'esprit, un attribut qui se manifeste souvent dans ses goûts exquis. La Vierge apprécie l'art qui tombe dans de nombreuses catégories et aime suivre les nouveaux auteurs. La Vierge s'appuie sur la logique et l'organisation lorsqu'il s'agit de questions de cœur, et ce signe extravagant cherche un partenaire qui s'intègre dans sa vie quotidienne.

La Vierge utilise une base de données pour créer une représentation complète de son partenaire, de toutes les personnes de sa vie et de ses habitudes, accumulées dans un dossier mental, avec ses habitudes et ses aversions. La Vierge aime aider par son soutien et son sens pratique, et ce signe de terre persévère toujours à offrir des solutions viables aux conflits.

Le désir d'excellence de la Vierge peut être déchargé sur ceux qui l'entourent, et son analyse passe de réfléchie et subtile à trop critique. Pour maintenir des relations saines, la Vierge ne devrait pas juger et devrait permettre à ses proches de marcher à sa place.

Quelque chose de très important que la Vierge devrait garder à l'esprit est que la poursuite continue de la perfection peut devenir destructrice.

Quand il s'agit de sexualité, ce signe a une nouvelle énergie, mais il est naïf. Gouverné par Mercure, sa sexualité est de nature curieuse ; Presque tous les aspects du sexe, y compris ou sur le physique de votre partenaire. Il y a toujours de la beauté en danger, il est donc important pour la Vierge de reconnaître que ce qui est un défaut peut être une utilité plutôt qu'un défaut.

Ce signal intellectuel est très enthousiaste à propos de l'humour et la conversation est intelligente. En théorie, la Vierge serait une romancière romantique ou surprenante, mais si son amant de la Vierge n'est pas Nicholas Sparks ou Corin Tellado, elle est susceptible de le montrer sous forme abrégée. Ne soyez pas surpris si votre amant de la Vierge est emmené dans la pièce, du moins au début.

La Vierge est une personne routinière, jusqu'à ce qu'elle puisse développer un dialogue, elle sera une amoureuse des téléspectateurs qui seront très attentifs ou de ce qui se passe au lit. Cela ne signifie pas qu'il n'est pas dépravé, en fait, la Vierge aime être passionnée dans la pièce, dans un environnement sûr, la Vierge voudra pratiquer des relations sexuelles régulières qui lui permettent de sonder toutes ses inclinations. Mais n'essayez pas quelque chose de manière inattendue, des changements soudains de mouvement ou de rôles vous désorienteront.

La Vierge aime être utile et utiliser ses compétences chaque fois qu'elle le peut, c'est pourquoi elle est encline à être une éponge pour les problèmes de autres. La meilleure façon de se battre est de faire avancer les choses. Même si votre partenaire Vierge est passionné, ne faites pas d'elle le justicier de tous ses revers. Si vous déchargez tout le stress sur la Vierge, vous vous sentirez dépassé. Pensez à surveiller vos amis pour leurs frustrations.

Pour avoir une relation durable avec la Vierge, il est important que vous sachiez que vous serez digne de confiance, mais vous devrez aussi compter sur vous-même surtout lorsque vous commettez des erreurs. Ne pensez pas à critiquer la Vierge, cela peut sembler ironique, mais la Vierge déteste être appelée pour son comportement. Cela lui donnera le pouvoir de venir à vous pour obtenir de l'aide, pour consolider la relation.
Alors que la Vierge s'efforce d'atteindre un idéal impossible en amour, lorsque l'utopie de la perfection se dissipe, la Vierge renonce complètement à la relation sans en informer son partenaire.

Il ne prétend pas être indécent, il déteste les gens qui sont strictement déçus, et donc il voudra quitter la relation sans avoir une discussion difficile. En d'autres termes, la Vierge aime disparaître sans laisser de trace. Si vous pouvez contacter votre partenaire vierge avant qu'il n'atteigne d'autres bras, il s'excusera et essaiera de calmer la tension en prenant tout le poids. Lorsqu'une séparation se produit de manière inattendue, a du mal à oublier, produira mentalement chaque détail de la relation l'un et l'autre pour tenter de comprendre le moment clé où les choses ont pris un virage à 180 degrés.

La Vierge n'est pas toujours noire ou blanche, en fait, c'est une créature très complexe et si vous trouvez suffisamment d'informations pour conclure que votre relation actuelle est imparfaite, vous êtes prêt à chercher une relation satisfaisante ailleurs.

Vierge et Bélier.   Le Bélier aime faire des promesses, mais parfois il ne les tient pas. Dans ce couple, la Vierge analytique entreprendra de ne pas créditer les ostentations du Bélier. Le Bélier, cependant, sera surpris par l'insécurité de la Vierge. Dans cette relation, le Bélier devrait être tenu responsable de ses mouvements, qui peuvent provoquer l'ego de la Vierge enflée lorsqu'il perçoit des fractures dans les méthodes du Bélier.   La Vierge et le Bélier doivent admettre l'échec sporadique et les caprices du Bélier. Si la Vierge s'efforce d'apprendre à tolérer la cécité du Bélier, et que le Bélier peut travailler pour libérer son orgueil, cette association peut être solide.

Vierge et Taureau, s'ils conviennent qu'une relation est possible. Gouvernée par Mercure, la Vierge traite toujours les détails de la plupart des informations qu'elle recueille quotidiennement et choisit de s'exprimer par le biais d'une communication organisée. Ce signe pragmatique se sent très acclimaté lorsqu'il est associé au Taureau sensuel et matériel, qui apprécie l'apparence méthodique de la Vierge et son souci du détail. Il existe des différences spécifiques entre ces deux signaux. Les tendances sensuelles du Taureau peuvent irriter la Vierge, ce qui peut motiver le Taureau à se sentir déséquilibré. Favorablement, ces deux signes peuvent surmonter les obstacles.

La Vierge et les Gémeaux, bien que le couple semble incongru au début, la Vierge retirée et les Gémeaux communicatifs ont beaucoup en commun. La Vierge et les Gémeaux sont gouvernés par Mercure, la planète de la communication ; Ainsi, ces deux signaux sont profondément impliqués dans l'art de l'information. Les Gémeaux aiment coopérer et la rusée Vierge est un observateur subtil qui aime traiter l'information. Bien que la caractéristique ou le courage des jumeaux ait tant porté la Vierge, ses angoisses romantiques peuvent facilement être atténuées par un dialogue honnête et direct. Si les Gémeaux respectent les besoins de la Vierge, cette relation peut être excellente.

La Vierge et le Cancer peuvent être une relation de soutien mutuel. En particulier, la Vierge et le Cancer ont tendance à trop spéculer. La Vierge s'inquiète du non-sens, transformant chaque contexte en le pire environnement possible. De même, le Cancer considère les changements énergétiques excitants, remarquant même le moindre changement dans le langage corporel ou le ton verbal. La Vierge et le Cancer se nourrissent parfois d'eux-mêmes, provoquant encore plus de peur et de manie. Cependant, parce que le stress est traité différemment, cette relation offre une opportunité de guérison. Parce qu'ils se soucient et se soutiennent mutuellement, lorsqu'ils forment un couple, ils se nourrissent mutuellement.

La Vierge et le Lion sont une relation enrichissante. La Vierge agace le Lion, ce signe de feu ne conçoit pas pourquoi la Vierge est si peu encline à prendre des risques. La Vierge, d'autre part, sait que la vie est beaucoup plus complexe que d'être distrait, tout demande du temps et de la patience. En raison de cette divergence, il n'est pas toujours facile de naviguer dans une relation entre la Vierge et le Lion. Cependant, si chaque signe aborde la relation avec un esprit ouvert, ils seront en mesure de former un amour inspirant.

Vierge et Vierge, c'est une relation passionnante. L'une des particularités les plus importantes de la Vierge est sa demande personnelle. La Vierge aime aider, de manière tangible, cependant, lorsqu'elle est associée à une autre Vierge, cette qualité se tord un peu. Dans une relation amoureuse, deux Vierges vont essayer de s'installer inlassablement, chacune entraînée par l'idée que leur méthodologie est supérieure. La Vierge déteste les conflits et cette tension peut devenir de plus en plus agressive, ce qui entraînera de nombreux commentaires malveillants. La relation de deux Vierges n'est pas condamnée, si elles peuvent exploiter leurs forces individuelles, elles peuvent s'entraider dans différentes situations. S'ils sont guidés par l'amour plutôt que par la critique, ils peuvent construire une relation amoureuse.

La Vierge et la Balance ont des critères de perfection différents, et les deux sont super idéalistes. La Vierge veut que la vie soit systématisée et la Balance recherche l'harmonie. Lorsqu'ils se rencontrent, ils peuvent fusionner leurs compétences individuelles en construisant une relation qui est le paradigme de la camaraderie. Cependant, alors que la Vierge et la Balance désirent une relation d'intégrité, elles doivent apprendre à accepter qu'aucune relation n'est sans défauts. En fait, un conflit sain peut aider à favoriser une relation, ce qui signifie que les frictions peuvent faire avancer la relation. En acceptant leurs lacunes, ils peuvent construire une union durable.

La Vierge et le Scorpion forment un excellent couple. Il n'y a pas de signe du zodiaque plus lié au sexe que le Scorpion, et ce signe d'eau est connu pour son électricité érotique. La Vierge, en revanche, a la réputation inverse car son symbole fait allusion à un archétype mythologique, souvent considéré comme innocent. La Vierge aime le sexe, c'est pourquoi la chimie entre la Vierge et le Scorpion est évidente. La Vierge est enchantée par la sensualité du Scorpion, ce qui est suggéré par l'attrait essentiel de la Vierge. Les deux savent automatiquement comment satisfaire les désirs lubriques de l'autre. Cependant, en dehors de la pièce, ce couple devrait s'efforcer de maintenir leur relation.

La Vierge et le Sagittaire sont les signes les plus drôles du zodiaque. L'humour de la Vierge est basé sur les teintes, tandis que l'énergie du Sagittaire crée des légendes. Quand ils forment un couple, ils forment un duo festif. Mais en plus des loisirs en Sagittaire, ce couple doit s'efforcer d'assurer une relation saine. Lorsque la précision de la Vierge devient terrible, elle peut devenir exigeante, ce qui est déroutant pour le Sagittaire bohème, qui croit que les détails sont moins importants que la grande image. Pour que cette relation fonctionne, le Sagittaire doit se sentir désolé pour l'irritation de la Vierge, et la Vierge doit être prête à accepter les inclinations turbulentes du Sagittaire. Si vous pouvez le faire ensemble, vous serez sûr de profiter d'une relation très amusante.

La Vierge et le Capricorne sont un couple artisanal, tous deux sont des signes de terre, calculateurs, entreprenants et sensibles. Cependant, parce que cette relation est si prudente, les deux membres du couple devront rester éveillés pour éviter d'être trop méthodiques. La tête du Capricorne peut commencer à traiter la Vierge comme une esclave, ce qui peut rendre la Vierge réutilisable. Ce couple devrait dynamiser leur relation à travers des cas spontanés. Tant que l'interface n'est pas très agréable, cette relation est faite pour durer.

La Vierge et le Verseau connaissent très bien leurs réalités. Ces signes méthodiques admirent les méthodes d'exploration, les nuances de leur environnement avec des reflets subtils et des vues diligemment esquissées. Cependant, malgré leur amour mutuel de la recherche, les comportements de la Vierge et du Verseau sont différents.   Le béton Virgo est pragmatique et porte une attention particulière aux nuances et aux détails palpables. Le Verseau, d'autre part, pense aux choses à un niveau général ; Donc, il y aura une certaine tension entre ces signaux. Mais s'ils parviennent à combiner leurs facettes, ils formeront une vision globale du monde et, en tant que couple, auront un potentiel incroyable.

La Vierge et les Poissons sont des signes opposés qui aiment être utiles de différentes manières. La Vierge aide de manière pragmatique car les Poissons sont plus abstraits quand. La Vierge et les Poissons sont des personnes pieuses qui se rapportent les unes aux autres à un niveau empathique. L'esprit sensible de la Vierge aide également les Poissons irréguliers à atteindre leurs objectifs, tandis que l'acuité créative des Poissons encourage la Vierge à explorer les formes artistiques d'expression individuelle.   Il est important que chaque signe conserve son identité d'origine, et cette relation fera ressortir le meilleur de chaque signe et, ce faisant, créera une union rayonnante.

Balance

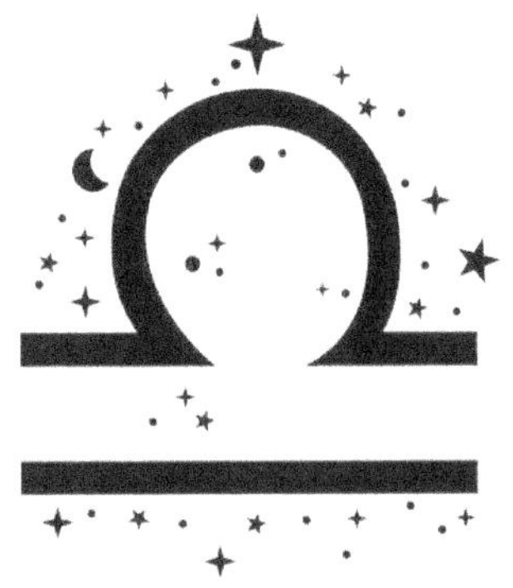

La Balance est fascinée par l'harmonie et la persévérance pour créer un équilibre dans tous les domaines de sa vie. Étant un signal aérien, il conserve l'impartialité nécessaire pour toujours être juste grâce à sa profondeur mentale, ce qui en fait le signe le plus socialement expressif du zodiaque. Séduisante et populaire auprès de ses amies, la Balance se développe parfaitement au quotidien et est l'esthéticienne légitime du zodiaque. Vénus, la planète de l'amour, de la beauté et de l'argent, règne sur le Taureau et la Balance, mais l'analogie de la Balance avec Vénus est différente du Taureau.

Pour La Balance, son tempérament romantique est totalement intellectuel, c'est-à-dire qu'il aime l'art et l'intellectualité. Vous pouvez trouver cette marque en dégustant des vins ou en faisant l'éloge d'œuvres d'art modernes.

La Balance a besoin d'être entourée d'objets qui montrent ses intérêts profonds, c'est pourquoi il est un excellent artiste. N'interprétez jamais mal les préférences de la Balance comme une indication de son mépris pour ce qui se trouve sous la surface, la Balance se soucie de la justice et se bat au nom des autres ; Donc, c'est juste et donc embrassera le rôle d'arbitre. Sage et juste lorsque la situation l'exige.

La livre ne sera jamais dominante et affichée avec son moral, et ce signe délicat peut résoudre les problèmes sans stress. La Balance nous symbolise, les relations sont essentielles pour la Balance, qui trouve l'équilibre dans la relation ; par conséquent, la Balance doit veiller à ne pas chercher à attirer l'attention en dehors des termes convenus avec son partenaire. La Balance veut que tout le monde soit satisfait et tenté de franchir les lignes du flirt. La livre sterling ne contiendra rien à accepter, même si cela signifie mettre en danger sa relation actuelle.

En tant que signe cardinal, la Balance est idéale pour créer de nouvelles idées, et vous pouvez voir toutes les alternatives possibles dans une situation finale. Compte tenu de toutes les perspectives, il lui est difficile de se décider, il a du mal à choisir, puisqu'il équilibre constamment la balance.

Ce signal aérien est motivé par l'apparence physique, la vanité peut être une fragilité pour la balance, et peut devenir trop concentré sur un partenaire qui correspond au moule esthétiquement désiré. Avoir bon goût n'est pas une mauvaise chose, mais le mot clé de la Balance est délicatesse, et L'idée de comportements oppressifs soudains tels que texter toutes les 3 minutes, envoyer des courriels à toute heure de la journée ou essayer de résoudre la relation trop tôt vous agace.

La Balance recherche une relation élégante et qui se développe progressivement, lui et son partenaire doivent promouvoir l'amour et la confiance étape par étape, formant un lien basé sur un intérêt simultané pour les belles choses. Si vous voulez commencer une romance avec la Balance, envisagez d'aller à l'ouverture d'une galerie ou d'une œuvre classique.

La Balance aime être amoureuse, il est courant de sauter sans réfléchir à deux fois à la romance, et elle est docile et délicate et entre les nuits d'étiquette, les voyages dans les amphithéâtres et les voyages spontanés au cinéma, les rencontres avec la Balance peuvent sembler être une aventure ou le livret d'un film romantique. Ce signe d'air séduisant sait surprendre, mais dans ces manœuvres exagérées de courage, il y a aussi beaucoup de goût.

La Balance a une approche très claire de ce qu'il veut, et il est facile pour lui d'essayer de façonner son partenaire pour répondre exactement à ces aspirations, plutôt que de considérer que ses désirs pourraient être différents. En établissant une relation avec la Balance, il saura faire preuve d'élégance, et la meilleure façon de savoir si la Balance est vraiment concentrée sur la relation n'est pas à travers des gestes romantiques élémentaires, mais à travers des manifestations subtiles d'affection.

La Balance est obsédée par le fait d'être conquise, et bien que l'intimité physique soit importante, ce signe a besoin de préambules mentaux qui conduisent à l'excitation au moment du sexe. Certains signes peuvent être stimulés par le fantasme des rencontres sexuelles directes, mais l'aristocratique Balance pense que ces rencontres passionnées sont trop prosaïques.

La Balance est allergique aux conflits, au début ce comportement pacifique est parfait, mais en réalité, cela peut être le plus grand obstacle pour ses partenaires, car pour ne pas les désenchanter, il a généralement recours à des mensonges miséricordieux et à des demi-vérités. Il est important de garder à l'esprit que le but de la Balance n'est pas d'être manipulateur, il ne veut tout simplement pas que vous vous fâchiez contre lui.

À son tour, la Balance devrait se rappeler que dans la vie, nous ne pouvons pas être des modes dorées et plaire à tout le monde est un résultat impossible.

Dans les relations, vous devez être honnête ou, en outre, les conflits sains offrent la possibilité de grandir, d'apprendre et de fixer des limites si nécessaire.

L'engagement est basé sur un dialogue honnête, et le désaccord empêchera également la livre de devenir apathique et rancunière de temps, d'angoisse et de démembrement. La Balance n'ignore pas le bidirectionnel, ce signe est heureux lorsque vous êtes en couple, mais il n'est pas surprenant que vous veniez continuellement et que vous égivoyez des relations. Dans votre monde courageux, il n'y aurait pas de ruptures. La Balance garde toujours vos options ouvertes, même si vous êtes dans une relation sérieuse.

Lorsque la Balance se termine avec son partenaire, il le fait avec un langage adorable, car il veut toujours garder la porte ouverte, et si vous voulez rompre avec lui, il fera de son mieux pour l'éviter. La Balance est très préoccupée par l'opinion qui provoque les autres, et préfère maintenir l'appréciation de l'ancien partenaire, pour l'éloigner pour toujours.

La Balance entonne la romance, mais s'inquiète de sa réputation. Ce signal est remarquablement flexible et a la capacité d'exprimer les sentiments de ses partenaires ; par conséquent, il secouera les torches des signes de feu, formera des vagues avec des signes d'eau, érigera des chaînes de montagnes avec des chaînes terrestres et maintiendra un vortex efficace avec des signaux aériens, et le but de la Balance est de créer une vie équilibrée, sereine et harmonieuse avec votre partenaire.

La Balance et le Bélier, forment un couple fascinant. Le Bélier est populaire pour son autonomie féroce, alors quand ces deux signes s'accouplent, ils créent un duo aventureux. Cette relation symbolise le dicton « les extrêmes opposés attirent » La Balance se prononce à travers nous, tandis que le Bélier se prononce à travers moi. Et bien que les deux signes doivent correspondre à l'approche individuelle de l'autre, cette paire peut former une coalition excellente et indestructible.

La Balance et le Taureau, sont attirés instantanément. Les deux sont gouvernés par Vénus, et ces signes sont fascinés par la romance. Cependant, le Taureau a une relation spécifique avec l'amour, il nécessite une affection tangible.   La Balance, en revanche, est beaucoup plus intellectuelle, car l'équilibre, la perfection est liée à la coquetterie, et une délicatesse sociale parfaite. Bien qu'ils doivent faire face à ces inégalités, la tranquillité et la ruse de la Balance remèlent l'irritation du Taureau, et les exaltations domestiques du Taureau améliorent l'esthétique de la Balance. En conséquence, la Balance et le Taureau forment une paire fabuleuse.

La Balance et les Gémeaux sont des signes d'affinité et lorsqu'ils sont connectés, c'est un véritable choc des esprits. Les Gémeaux téméraires et la Balance distinctive sont hypnotisés pour se divertir intellectuellement ; Ainsi, ce couple appréciera la recherche de passe-temps et de revenus mutuels. Les Gémeaux seront stimulés par le toucher doux de la Balance, tandis que la Balance adorera l'énergie entrepreneuriale des Gémeaux. Bien que la Balance et les Gémeaux forment un couple merveilleux, tout le monde doit s'assurer de donner la priorité à la relation. Vous voulez tous les deux faire plaisir à vos amis, et si vous ne communiquez pas correctement, ils pourraient vous faire tort. Pour construire une relation basée sur la confiance et l'honnêteté, vous devez gagner du temps pour être ensemble, sans avoir besoin d'une revalidation externe.

La Balance et le Cancer n'est pas une relation facile à piloter. Le cancer est extrêmement protecteur, alors que l'échelle est très sociale. La Balance, complaisante avec les gens, peut devenir trop obsédée par son image populaire, ce qui ajoutera au cancer dont elle a besoin de protection. La quête de la Balance pour toujours vouloir plaire aux autres peut menacer le sentiment de sécurité du Cancer. Cependant, cette relation peut fonctionner car le Cancer peut apprendre à la Balance à concentrer son regard sur elle-même, et la Balance peut sortir le Cancer de son visage dur. Si vous pouvez raisonner tous les deux, cette paire facilitera une évolution incroyable.

La Balance et le Lion fonctionnent extraordinairement bien, la Balance et le Lion sont de bons amis. La Balance distincte traite le Lion comme la monarchie et le Lion vénère la gentillesse sociale de la Balance. Ce couple aime aller à des fêtes et s'encourager mutuellement à embrasser leur âme. Les deux aiment plaire, cependant, le lion ne s'intéresse pas au collectif, il veut que son partenaire l'adore complètement au-dessus de tout ou de toute personne. La Balance, qui joue le rôle d'ambassadrice cosmique, peut être mécontente de la stricte monarchie du Lion. Heureusement, aucune insurrection n'est nécessaire, la tension entre la Balance et le Lion peut être apaisée par un dialogue sincère. Lorsque les deux construisent leur royaume dans l'unité basée sur la sécurité et la loyauté, la relation a la capacité d'être fabuleuse.

La Balance et la Vierge sont comme une chaîne de production en usine. La fonction de la Vierge est d'examiner un contexte, tandis que la fonction de la Balance est de le niveler. Ces rôles sont liés, et en tant que Balance et Vierge, ils sont côte à côte dans le zodiaque ou, ils savent comment travailler ensemble. L'information est transmise, en fonction des capacités uniques de chacun. La Balance s'inspire du regard scrupuleux de la Vierge, et cette dernière tombe amoureuse du toucher délicat de la livre, mais peine à atteindre ses objectifs individuels. La Vierge laisse la Balance bouleversée, tandis que la qualité arrogante de la Balance fait que la Vierge se sent abandonnée. Favorablement, lorsque la Balance et la Vierge changent leurs comportements et prêtent attention à la relation, cela peut être extraordinairement fructueux.

La Balance et la Balance sont une relation qui saute hors de l'harmonie lorsqu'elles se réunissent. Ce rapport peut évoluer rapidement, de zéro à cent plus vite qu'un vaisseau spatial. Vous devez vous assurer, avant de vous engager, que vous investissez dans un syndicat construit pour durer. En tant que médiateur, la balance essaie d'éviter les problèmes par tous les moyens, et bien que cela puisse être idéal, c'est en fait une formule pour la catastrophe. Cette ambivalence nourrit le ressentiment et de nombreux sentiments contradictoires. Ces deux signes doivent apprendre à communiquer leurs coutumes et à s'écouter à parts égales. Si le double livre au carré apprend à parler sincèrement, ce sera un alignement facile.

Balance et Scorpion, c'est une relation brûlante. Entre l'attraction du Scorpion pour la beauté de la Balance et celle de la Balance pour le mysticisme du Scorpion, il y a un instant chimique entre ces signes. La Balance et le Scorpion auront de nombreuses nuits de sexe, mais en plus du sexe, la Balance aura besoin d'un peu plus de coloration et la force du Scorpion le terrifie. La Balance aime garder toutes les interactions sociales légères et faciles, et le Scorpion se sent méprisé par l'incertitude caractéristique de la Balance. Si ce couple peut niveler leurs désirs intellectuels avec leurs passions, ils peuvent être une force incroyable.

La Balance et le Sagittaire sont la combinaison parfaite. La livre est toute réciprocité, et ce signe de la pensée aérienne s'intéresse plus au concept de justice qu'à la relation elle-même. Fait intéressant, le Sagittaire met également l'idée d'une relation avant la réalité. Bien que ce couple ne soit pas toujours parfait, car la Balance déteste les conflits, alors que le Sagittaire aime agiter les drapeaux des revers, l'énergie combinée de ces signes est contagieuse. La Balance est heureuse de rejoindre le Sagittaire dans ses pérégrinations, et le Sagittaire nourrit les désirs de la Balance de s'intéresser à l'art en même temps. Lorsque ces deux signes se rencontrent, leur relation est naturelle et extraordinairement sexuelle.

Balance et Capricorne, une relation compliquée. Le Capricorne inébranlable admire l'appréciation de la Balance pour la justice et encourage davantage de pratiques. Dans l'univers de la Balance, la paix sociale est plus importante que l'honnêteté, de sorte que le couple devient enthousiaste lorsque le Capricorne se méfie de la nature vaniteuse de la Balance, et que la Balance commence à trouver la perspective du Capricorne trop lourde et conservatrice. Le. Pour que cela fonctionne en couple, vous devez respecter les différences de l'autre et donner suffisamment, mais lorsque vous décidez, vous pouvez créer une relation solide.

La Balance et le Verseau sont des signes d'air et s'inquiètent des problèmes sociaux. La Balance insiste pour plaire à tout le monde, tandis que les intérêts du Verseau sont davantage orientés vers la structure politique. Le désir du Verseau a toujours été de se rebeller contre l'ordre établi et c'est d'effrayer le médiateur de la fourrière. Au fil du temps, la Balance accepte et comprend le détachement du Verseau, quand le Verseau apprend à accepter l'innocence de la Balance et ses désirs de plaire à tout le monde, il aime la liberté que ce tempérament lui offre. Lorsque ce couple s'aligne sur leurs valeurs et intérêts habituels, la relation est énergique, intellectuelle et exceptionnellement belle.

La Balance et les Poissons sont tous deux des artisans de paix et structurent leur relation grâce à leur bénéfice mutuel pour la gentillesse et la justice. Inspirés par l'art, ils animent leurs week-ends avec des concerts, des opéras, des visites de musées et des ateliers d'artisanat. Les Poissons sont le dernier signe du zodiaque et ont une connaissance qui se manifeste parfois intensément avec ses partenaires. Ces eaux profondes peuvent déranger la Balance, qui, en tant que signe d'air, essaie toujours d'avoir une attitude joviale et joyeuse. Cette relation donne à chacun d'eux une raison de se battre alors que la Balance montre aux Poissons comment se réjouir, et que les Poissons aident la Balance à regarder profondément dans son subconscient.

Scorpion

Scorpion, vous avez mauvaise réputation. Ce signe d'eau sombre est célèbre pour son charme mystérieux, son ambition délectoire et son caractère insaisissable distinctif. Le signe le plus compliqué du zodiaque est représenté par le scorpion, un animal perfide qui habite dans les ténèbres.

Pour le Scorpion, la vie est un jeu d'échecs, gouverné par la planète Pluton a la capacité de se régénérer et de se transformer en sa version la meilleure et la plus forte. La croissance est élémentaire pour les scorpions, qui utilisent la métamorphose comme outil d'expansion émotionnelle et psychique. Comme Pluton et les pouvoirs de séduction du monde caché, le Scorpion a sa propre énergie. Le Scorpion n'a aucun problème à trouver des prétendants et est connu pour son incroyable sensualité. Malgré sa réputation lubrique, il valorise l'honnêteté et la vie privée dans les relations.

En raison de sa férocité et de sa puissance incroyable, les gens pensent que le Scorpion est un signe de feu, cependant, il appartient à l'élément eau, qui symbolise qu'il tire sa force du subconscient et des émotions.   Le Scorpion est remarquablement intuitif et sensible, capable de sentir l'énergie de n'importe quelle maison et d'absorber les émotions d'autres.

Le Scorpion est coriace et, comme son symbole astrologique, observe dans l'obscurité, attendant l'occasion parfaite d'attaquer quand il s'y attendait le moins. Ce calculateur de signal d'eau projette toujours plusieurs étapes en premier sur un grand avion. Cela ne signifie pas que ses intentions sont nécessairement nuisibles, il aime seulement planifier à long terme et l'atteindre, il se concentre sur ses objectifs et ne montre jamais ses cartes, étant cette nature mystérieuse qui le rend si fascinant.

Le Scorpion sait comment utiliser son intuition pour manipuler n'importe quelle situation et monter les gens les uns contre les autres. Le Scorpion doit toujours se rappeler que s'il se laisse contrôler par son désir de manipulation et de pouvoir, il court le risque d'attaquer sa piqûre. Votre comportement secret peut vous faire perdre des relations.

Ce signe sait donner le meilleur de lui-même lorsque son intensité personnelle est appliquée avec ses amis les plus proches car, bien que douteux et possessif, il est aussi très défenseur de ses proches et est prêt à les protéger sans y penser.

Lorsque le Scorpion peut établir la confiance et se sentir en sécurité, cela montre de l'empathie et de l'engagement.

Quiconque est élégant vous impressionne et, en signe d'eau, ses sens sont très aiguisés, donc dans le domaine de la romance, il est pratique de le gâter avec une grande passion. Ce signe d'eau intense valorise votre vie privée, il n'est donc pas facile pour vous de laisser un étranger entrer dans votre vie privée.

Si vous êtes intéressé à conquérir un Scorpion, le processus de datation est très vaste et sera rempli de nombreux tests de force émotionnelle. Chaque mouvement qui fait ce signal est intentionnel, il faudra donc être super rapide pour suivre la rime.

Si vous réussissez le processus, le Scorpion sera prêt à développer une connexion au niveau de l'âme avec vous. Contrairement à d'autres signes, lorsque le Scorpion est dans une relation, cela ne signifie pas que vous vous sentez en sécurité, votre intensité est perpétuelle, puisque votre objectif principal est de garder votre partenaire pour toujours.

Il n'y a aucun signe du zodiaque plus lié au sexe que le scorpion, cependant, malgré ses tendances, l'acte physique d'intimité est moins important pour le Scorpion que la connexion.

Le Scorpion a beaucoup de mal à entrevoir son appétit, il est donc attiré par des expériences sombres et mystérieuses. Il est très facile pour lui de devenir accro à leurs relations, et cela peut prendre la forme de folie, dans laquelle le Scorpion crée intentionnellement des problèmes pour tester son partenaire, un comportement toxique qui est défavorable. Le Scorpion doit se rappeler que dans les relations sérieuses, les gens ont droit à l'indépendance émotionnelle et à l'intimité.

La chose clé à retenir lorsque vous êtes dans une relation avec le Scorpion est que vous devez être clair, poser des questions sur vos sentiments et ne contester aucun comportement caché. Le Scorpion appréciera le fait que vous demandiez des comptes, et plus vous êtes impliqué avec lui par le biais d'une communication directe, la relation sera sécurisée.

Malheureusement, les déceptions sont inévitables dans la vie, et bien que le scorpion soit célèbre pour sa capacité à renaître de ses cendres, cela ne signifie pas que les inscriptions sont faciles pour lui, en fait, ce signe a du mal à quitter ses partenaires. Peu importe si c'est lui qui commence la pause, ce signal pénétrant se sent toujours impuissant après qu'il se produise.

Parfois, la fin d'une relation est libérée en Scorpion son désir particulier de contrôler l'air, ce qui l'amène parfois à l'angoisse et à l'engagement envers ses anciens partenaires, il vaut donc mieux couper la racine.

Poussé par ses passions, le Scorpion est un couple dévoué, et si certains signes résistent à la ténacité du Scorpion, d'autres signes sont inspirés par son énergie.

Le Scorpion et le Bélier éprouvent une attraction physique incroyable dès qu'ils se voient. Cependant, l'incapacité du Bélier à garder des secrets agace le Scorpion, qui valorise la confiance et la vie privée par-dessus tout. De son côté, le Bélier se demande pourquoi tout devrait être si caché. Mais à la fin de la journée, si ces deux signes peuvent respecter les défauts de l'autre, la relation sera parfaite et ils voudront conquérir le monde.

Le Scorpion et **le Taureau**, en tant que signes opposés, se complètent. Le Scorpion est une sexualité pure. Ainsi, associé au

Taureau, le signe le plus sexy du zodiaque, l'appétit sexuel féroce du scorpion est satisfait. Ils auront des obstacles à surmonter, les deux sont incroyablement têtus, mais ce couple forme une relation vraiment érotique.

Le Scorpion et les Gémeaux forment une paire excentrique. Les valeurs primordiales du Scorpion sont super différentes des légionnaires jumeaux, qui sont aussi indiscrets et sociables, s'amusant à changer d'avis.   Le Scorpion, d'autre part, est pénétrant, prudent et ferme dans ses opinions. La piqûre efficace du Scorpion peut fasciner les grandes créatures, mais l'arachnide cosmique n'est pas compatible avec le jumeau. Pour que cette paire fonctionne, chaque signal doit accepter les différences de l'autre. Si le Scorpion se libère de son besoin de tout cacher et que les Gémeaux sont prêts à laisser le Scorpion gagner, même une fois, la relation peut durer.

Et **l'ancre C-scorpion coule** sans effort. Le Cancer embrasse les émotions intenses du Scorpion, le crabe céleste sort de sa coquille du Scorpion, c'est-à-dire qu'il marche plus de kilomètres. Le cancer est prudent au début d'une relation, mais avec le Scorpion, il est vulnérable dès le début. Dans cette relation magique, le Scorpion a du mal à traverser car sa force est trop forte. Le cancer peut parfois se sentir triste de l'incapacité du Scorpion à être réalisé, mais en fin de compte, c'est l'une des meilleures relations du zodiaque. Lorsqu'ils sont engagés, ils s'accouplent pour la fin de leur vie.

Le Scorpion et le **Lion** sont les plus méfiants du zodiaque. Quand il s'agit de ces deux signes, l'énergie est toujours celle de deux rivaux naturels entrant dans le ring. Lion tombe amoureux d'être mis à l'écart et apprécie les mouvements cachés du Scorpion comme délibérément compliqués. D'autre part, le Scorpion apprécie l'incapacité du Lion à cacher ses motivations. Cependant, s'ils forment une relation, leur énergie combinée est indestructible. Bien que ce ne soit pas facile, cette union est courageuse et passionnée.

Le Scorpion et la Vierge les dominent en jouant avec leurs prototypes. Le Scorpion veut attirer et la Vierge veut être fascinée. Il y a donc une tension fascinante entre les deux, un remorqueur et un torse qui peut créer une relation. Mais cette connexion est une autre chose, la relation est basée sur une véritable admiration. La Vierge est inspirée par la cupidité du Scorpion et le Scorpion apprécie le côté pratique de la Vierge. Ici, le conflit occasionnel se produira lorsque le Scorpion se sentira condamné et éprouvé par la Vierge.

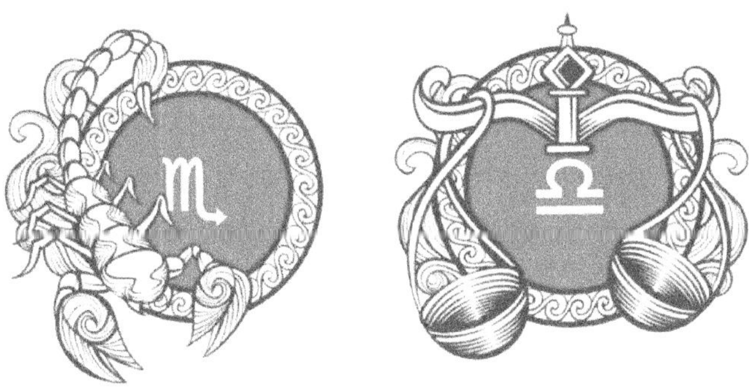

Le Scorpion et la Balance, luttant pour le pouvoir, le Scorpion a l'intention de réguler le regard de la Balance, et cela veut être l'axe de son univers. La Balance aime avoir l'air innocente, et les balances cosmiques adorent tromper le Scorpion avec leurs flirts superficiels. Lorsque ces deux signes cessent de jouer, ils peuvent former une paire fabuleuse. Bien sûr, il y aura des affrontements car l'énergie de l'air et de l'eau crée ensemble des ouragans, mais la friction n'est pas toujours un facteur perturbateur. Dans le cas du Scorpion et de la Balance, ils peuvent réellement générer de la chaleur.

La relation entre le Scorpion **et le Scorpion** est drôle. Le Scorpion est fier d'être le zodiaque glissant. C'est pourquoi, lorsque vous vous combinez avec l'un des vôtres, vous vous efforcez de maintenir votre force mystérieuse. Cette relation est alimentée par des secrets profonds, la passion et le besoin de contrôle, ce qui peut rendre difficile pour vous deux de maintenir une connexion. Cependant, si vous pouvez surmonter les frictions initiales, cela peut fonctionner parfaitement.

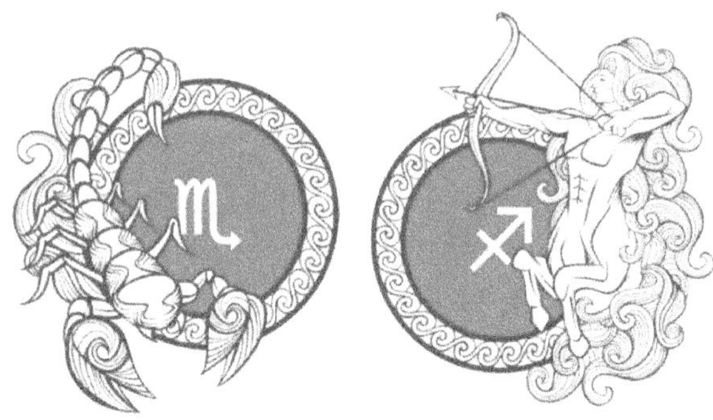

Scorpion et Sagittaire.   Le Scorpion est intrigué par le Sagittaire, se demandant. Le Scorpion n'est pas un candidat pour le Sagittaire, même lorsque sous le scorpion éthéré, l'aventurier a besoin de marcher. Au fil du temps, le Scorpion et le Sagittaire peuvent se lasser de la relation, après tout, le Scorpion a besoin d'honnêteté et d'un peu de mystère, et le Sagittaire a besoin d'indépendance.   Cependant, s'ils décident de le faire fonctionner, ils formeront une relation intéressante.

Scorpion et Capricorne, c'est une relation compliquée. La plupart des signes ne soutiennent pas l'ambition implacable du Capricorne, mais le Scorpion est conquis par son mouvement. En fait, le Scorpion fera semblant de faire tomber le Capricorne amoureux en montrant son audace. Quand il s'agit d'une relation à long terme, le Capricorne est très exigeant, les deux signes passeront la majeure partie de leur cour à examiner le CV de l'autre, jusqu'à ce qu'ils finissent par développer une relation amoureuse et extrêmement sexuelle. Cette relation est intense, car le Scorpion et le Capricorne attendent un engagement à long terme et s'ils s'engagent, ils peuvent y parvenir.

Le Scorpion et le Verseau sont des signes du même mode. Ces signes sont deux énigmes que tout le monde essaie de déchiffrer. De même, le Scorpion et le Verseau se combinent et savourent en supprimant les couches de complication mutuelle. Le Scorpion avide de pouvoir devra accepter s'il peut admettre la liberté du Verseau, et le Verseau, à son tour, devra harmoniser l'agitation du Scorpion avec le contrôle. Cependant, si vous êtes un couple, vous pouvez trouver un moyen de travailler, votre relation sera magique, mystérieuse et spéciale.

Scorpion et Poissons, c'est une relation pleine d'émotions. Les pouvoirs psychiques extraordinaires des Poissons peuvent irriter le Scorpion, qui se concentre principalement sur l'égalité. Cependant, l'empathie des Poissons a apaisé le Scorpion et ensemble, ils apprécieront de s'immerger dans le monde intérieur de l'autre. Tant que le scorpion est doux et que les Poissons apprennent à se protéger, ils aimeront construire ensemble un domaine solennel sous la mer.

Archer

Le Sagittaire est un signe que c'est dans l'esprit éternel que rassemble la connaissance. Vous pouvez trouver des tissus qui traversent les mers et vous plongent dans toutes les cachettes de l'univers lors de vos voyages à la recherche d'émotions.

Quand l'amour est dit tous les jours et maintenant est une aventure pour ce signe de feu actif. Jupiter, la planète de l'abondance est le souverain du Sagittaire, la chance poursuit ce signal partout où il va, et en tant que centaure astrologique, le Sagittaire désire un développement mental, philosophique ou spirituel et, bien sûr, beaucoup de plaisir.

Le Sagittaire a la capacité de transformer n'importe quoi, même le plus terrible, en une entreprise fascinante. Littéralement, tout a une histoire, et parce que le Sagittaire est un orateur magnifique, vous pouvez partager ces souvenirs avec vos amis, votre famille et des étrangers de manière à inspirer et à apporter la vie partout. En plus de provoquer des rires contagieux dans votre public.

Puisque ce signe de feu est attrayant, il est toujours entouré de spectateurs avides, en d'autres termes, ce signe est certainement le célèbre enfant du zodiaque. En tant que signe changeant, le Sagittaire est également adaptable, en fait, il a un désir enraciné de changements répétés. Le Sagittaire aime acquérir une nouvelle éthique, de nouvelles idéologies et de nouvelles logiques, changer de perspective et, peut-être plus important encore, parcourir le monde.

Le marcheur du zodiaque a une qualité d'errance et peut être capricieux s'il dure longtemps au même endroit ; Il est donc essentiel que ce signe ait la liberté d'explorer. Tout le monde n'a pas la capacité de suivre les soucis toujours fragiles du Sagittaire, alors quand il s'agit de passion, ce signe de feu est connu pour gagner les cœurs.

Le Sagittaire est aussi le clown du zodiaque, racontant toujours une histoire ou une blague ; Ainsi, toutes les conversations sont imprégnées de blagues et d'une sincérité remarquable. Bien qu'ils n'aient pas d'adversaires, le Sagittaire doit se rappeler de faire attention à sa langue franche et à ses commentaires satiriques. Parfois, votre énergie dépasse les limites en paraissant vaniteux ou même méprisable.

La qualité changeante du Sagittaire le rend un peu difficile lorsqu'il s'agit de décisions telles que l'établissement d'un engagement dans une relation.   Ayant tant de possibilités, vous souffrez de choisir la bonne relation parce que vous aimez garder vos options ouvertes.

Pour éviter de vous sentir éclipsé, vous devez être honnête avec ce signe, lui parler, vous inscrire et tout ira bien, car si quelque chose que le Sagittaire apprécie, c'est la sincérité.

Avec son esprit aventureux immuable, traîner avec le Sagittaire, c'est comme voler dans une montgolfière, ou sauter d'un point d'accident par mauvais temps, car il aime vivre sur le bord, où il y a plus de chances de découvrir quelque chose de nouveau.

Quand il s'agit de relations, les choses deviennent dangereuses avec le Sagittaire parce qu'ils peuvent être encouragés à poursuivre des relations à haut risque. Il n'est pas facile d'attirer l'attention du Sagittaire, après tout, le Centaure ne reste pas au même endroit assez longtemps pour maintenir sa motivation. Donc, si vous cherchez à co-conquérir un Sagittaire, vous devrez garder ce signal dynamique debout, vous ne craindrez pas les aspects les plus énergiques de votre personnalité.

Le Sagittaire est attiré par la défense, assurez-vous de garder votre style de communication confortable. Vivant et libre d'esprit, le centaure a tendance à avoir une apparence insouciante ou sexuelle, et ses relations physiques peuvent aller d'accidentelles à altérées, et parce qu'il est un archéologue naturel, le sexe est toujours un événement pour ce signe brûlant.

Le Sagittaire voit l'intimité comme une occasion de découverte de soi et de loisirs intellectuels, donc quand il s'agit de sexe, il a tendance à être un harceleur sérieux d'émotions. Lorsque le Sagittaire décide de faire des compromis, les choses ne changent pas, vous devez essayer de maintenir un style de vie aventureux 24 heures sur 24.

Les relations sérieuses consistent à partager les faiblesses, à créer une méthode de soutien et à affronter les réalités ensemble, mais si votre itinéraire ne résiste pas au programme proposé par le Sagittaire, essayez de faire de chaque jour un événement.

 Envisagez d'explorer des pratiques de bien-être alternatives avec votre partenaire centaure, vous apprécierez de développer vos limites spirituelles avec vous à vos côtés. Quand il s'agit d'aventure, le Sagittaire est simplement à la recherche d'un partenaire amusant, il veut être avec quelqu'un qui le met au défi d'élargir ses horizons. Mais n'oubliez jamais que même au sein d'une relation, le Sagittaire déteste les frontières ; Donc, si vous avez une relation avec ce panneau, assurez-vous d'avoir votre porte d'entrée prête. Vous ne saurez pas ce qui s'en vient, mais ce sera un voyage imparable.

Les frontières ne sont pas une mauvaise chose, en fait, elles fournissent un cadre solide pour la relation. Lorsque vous interagissez avec le Sagittaire, essayez de créer des choses dès le début qui clarifient ce qui est pratique et gênant à faire dans une relation. Si vous voulez que votre Sagittaire vous envoie des messages tous les soirs, vous devez le leur dire dès le début, car il sera alors plus facile pour le Sagittaire de comprendre la relation si les règles sont claires. Le Sagittaire est toujours à la recherche de nouvelles émotions, votre liberté doit être respectée pour maintenir toute relation saine à long terme, faites-vous savoir que vous êtes désireux de participer à vos occupations, mais permettez-vous de prendre la décision vous-même et évitez de vous culpabiliser si vous décidez de le faire pour vous-même.

Le Sagittaire est très sincère, donc quand vous commencez une séparation, les termes sont simples, si vous dis-le fini, c'est vraiment fini, avec cela il n'y a pas de retour en arrière. Comme c'est bohème, il est facile de faire ses valises et de partir quand les choses ne fonctionnent pas. En fait, le Sagittaire peut souvent avancer comme si une relation n'avait jamais existé en premier lieu.

Sagittaire et Bélier.   Le Sagittaire a une vitalité contagieuse, est amusant et curieux. Presque personne ne peut marcher sur le chemin d'un Sagittaire, le Bélier, cependant, admire et s'inspire de ce signe actif. L'énergie rugissante du Bélier est perfectionnée par le feu du Sagittaire, et au sein de la relation, les deux sont motivés à explorer leurs curiosités inhérentes. Bien que cette relation puisse durer éternellement, vous devez être prudent. Cette paire est certainement un camion-citerne, car les deux panneaux peuvent être extrêmement explosifs. Chacun doit s'engager à donner à l'autre suffisamment d'espace pour se détendre après un combat.

Le Sagittaire et le Taureau ont des besoins complètement opposés. Le Taureau doit garder sa zone de confort intacte, sans menaces pour sa sécurité, tandis que le Sagittaire a besoin du choc et de la pureté de l'exploration. Le Taureau relie le succès aux choses, tandis que le Sagittaire relie ses succès à l'aventure. Le Taureau est fier de ses pensées fermes, tandis que le Sagittaire apprécie la capacité de changer d'avis. Bien que ces deux signaux existent dans des univers parallèles totalement différents, ils sont capables de s'unir dans une relation. S'ils peuvent trouver un moyen d'apprécier leurs points de vue opposés, ce rapport offre un équilibre puissant qui inspire les deux signes.

Le Sagittaire et les **Gémeaux** sont des signes opposés. Tous les signes opposés ne sont pas compatibles, mais cette union est l'une des associations les plus complètes qui existent en astrologie. Le Sagittaire concerne le paysage global. Les Gémeaux, d'autre part, sont provoqués par ce qui existe à un niveau plus concret. Ce signal d'air explore tous les détails, comblant les lacunes du Sagittaire. Lorsqu'ils sont combinés, ces deux signes s'inspirent mutuellement dans ce qui les rend curieux.

Le Sagittaire et le Cancer est une relation difficile, mais quand il s'agit de problèmes cardiaques, il n'y a rien d'impossible. Lorsque votre relation sera à son meilleur, le Sagittaire sera ravi de partager ses histoires avec Cancer, qui est un excellent auditeur. Cependant, ces deux signes existent dans des espaces totalement différents. Le cancer nécessite un foyer pour se sentir en sécurité, tandis que le bonheur du Sagittaire dépend de son indépendance pour faire un pèlerinage. Une communication honnête est toujours fondamentale en amour, si ces signes sont courageux, nous pouvons avancer ensemble et le faire.

Le Sagittaire et le Lion sont synonymes de passion et d'amour. Le Sagittaire est ensorcelé par le Lion dramatique et est totalement attaqué par le fougueux Sagittaire. Isolément, ces signes ont deux des plus grandes natures du zodiaque, donc quand ils atteignent son vortex, la dynamique est enthousiaste, créative et pleine de vitalité. En termes simples, c'est logique. Cependant, ces signes de feu, si compatibles, se rendront vite compte qu'il n'y a pas de relation parfaite. Le Lion égocentrique a besoin de la sécurité et de l'honnêteté d'un partenaire de confiance, et le Sagittaire ne peut souvent pas offrir ces choses. Ce n'est rien de personnel, seulement aucune relation ne remplacera la liberté du Sagittaire. Ceci, bien sûr, est difficile à accepter pour Lion, de sorte que ce couple peut souvent être impliqué dans des conflits.

Le Sagittaire et la Vierge sont quelques-uns des couples qui ont le moins de chances de survivre. Vierge tout est mis à l'amende et organisé, et le Sagittaire déteste se sentir étiqueté. Puisque le Sagittaire est toujours à la recherche de la flèche, il a la réputation de ne pas être digne de confiance. Vierge, logiquement vous aurez beaucoup de problèmes à mettre à jour avec votre itinéraire toujours incertain, alors quand ils s'engagent, le centaure doit faire l'impossible et bien traiter sa Vierge. La Vierge est celle qui invente une aventure, mais le moment venu, elle est curieuse. La Vierge est sobre et ne se laisse pas emporter par ses désirs. Le Sagittaire aime apprendre. Tout d'abord, pour que les deux puissent tirer le meilleur parti de cette relation, la Vierge doit cesser de tout examiner en détail et vivre dans le moment présent ; et le Sagittaire doit être très patient. Si vous êtes tous les deux d'accord, votre vie sexuelle sera très agréable.

Dans cette relation, la tension sera présente, ce couple doit trouver un espace commun à travers des intérêts partagés et explorer l'opportunité de créer un langage qui est exclusivement le leur.

Le Sagittaire et la Balance commencent souvent en tant qu'amis, les deux signes sont extrêmement intellectuels, ils se lient donc au niveau mental. Bien sûr, l'attirance sexuelle se développe rapidement. La Balance est gouvernée par Vénus, tandis que le Sagittaire est gouverné par Jupiter, les deux planètes connues sous le nom de bienfaits, cette union est sûrement extrêmement bienveillante. Tout est plus grand que nature avec ces deux signes, même les combats. Le Sagittaire est parfois déçu par la nature séduisante de la livre sterling, et la Balance peut facilement être contrariée par l'attitude concluante du Sagittaire. Mais même dans le pire des cas, le Sagittaire et la Balance s'entendent vraiment. Tant que la livre s'exprime du cœur et que le Sagittaire maintient la patience, son éclat romantique continuera à brûler intensément pour le reste de leur vie, même après leur séparation. La Balance est plus sentimentale que le Sagittaire, mais il y a beaucoup de compatibilité sexuelle entre eux. La sympathique Balance essaie de satisfaire et est encline à voir la sexualité comme un art. Les deux devraient créer l'environnement approprié pour l'amour.

Le Sagittaire et le Scorpion sont très différents à bien des égards, bien que les deux soient des gens passionnés. La passion du Scorpion est motivée par l'émotion, tandis que la passion du Sagittaire est alimentée par la curiosité. Lorsqu'elles sont combinées, ces passions créent une énergie dynamique axée sur le plein plaisir de la vie. Le sexe peut les aider, mais pour réussir, la relation nécessite un engagement extrême. Le Scorpion et le Sagittaire ont peut-être quelque chose de spécial, mais ils doivent travailler dur.

Le Sagittaire et le Sagittaire, lorsqu'ils alignent des arcs, des flèches et des chevaux s'éloignent. Ce couple est incroyable, ensemble, ils voyagent, apprennent et, peut-être plus important encore, s'amusent. Aucun d'entre vous ne prend la vie très au sérieux, ce qui peut rendre difficile pour vous de former une relation durable et engagée. Comme aucun centaure n'oserait confiner l'autre, il faut beaucoup de temps pour que le couple Sagittaire-Sagittaire devienne officiel. Mais en fait, c'est ainsi que ces archers l'aiment, et ce couple sera toujours plus attaché à leurs nouveautés individuelles qu'au couple.

Le Sagittaire et le Capricorne, lorsqu'ils se rencontrent depuis le début, ressentent une tension difficile à surmonter. Le Sagittaire est gouverné par Jupiter, tandis que le Capricorne est gouverné par Saturne, les deux planètes considérées comme des leaders en astrologie. Jupiter a tout à voir avec l'étendue des frontières, tandis que Saturne est liée à la limitation. De même, cette relation peut être comprise comme une divergence. Cependant, grâce à l'échange réfléchi et à la compréhension mutuelle, cette relation peut certainement être couronnée de succès. Il est possible que le Sagittaire ne comprenne jamais pourquoi le Capricorne est toujours si prudent et que le Capricorne soit perturbé par l'optimisme rigide du Sagittaire. Quoi qu'il en soit, ce lien est basé sur le respect mutuel, et si les deux se font confiance et se soutiennent mutuellement, la relation a le potentiel de naviguer à travers tous les problèmes.

Le Sagittaire et le Verseau ont une chimie substantielle. Les deux signaux sont indépendants et chacun apprécie l'approche unique de la vie de l'autre. Bien que le Sagittaire soit plus flexible que le Verseau, les deux signes savent que la vie existe en dehors de la réalité de sa propre frontière. Le Sagittaire et le Verseau veulent ensemble enfreindre les règles et défier l'establishment. La singularité et le non-conformisme sont des forces si fortes derrière cette relation qu'il est difficile d'établir une identité en tant que couple.

Sagittaire et Poissons, ces signes sont l'expression maximale de son élément en astrologie. Le Sagittaire est un feu rustique et les Poissons sont un abîme dans la mer. Parce que les deux signes sont si larges, ils ne peuvent même pas se dévorer complètement. Le Sagittaire vivra satisfait de la fantaisie vive des Poissons, tandis que les Poissons seront suggérés par l'âme aventureuse du Sagittaire.   Les deux signaux sont globe-trotters, il peut donc être difficile d'ancrer cette relation. Cependant, si vous êtes tous les deux heureux de garder la relation dans un domaine moins défini et plus subtil, vous prospérerez en tant que couple vraiment fantastique.

Capricorne

Le Capricorne est un signe représenté par la chèvre de mer, la moitié d'une chèvre animale et la queue d'un poisson. Ce mystère ou spécimen peut vivre de la même manière sur terre que dans l'eau, représentant la capacité du Capricorne à équilibrer sa logique avec son intuition. Le signe le plus ambitieux du zodiaque sait comment mettre ces compétences en pratique.

Le Capricorne est gouverné par le maire Saturne, la planète qui ressemble au climat et aux restrictions. Saturne en astrologie a pour rôle d'enseigner des leçons difficiles et le Capricorne n'est pas étranger à ces souffrances.

Le Capricorne passe généralement par beaucoup de travail dans son enfance et sa jeunesse, mais ensuite rajeunit, devient optimiste et amusant qui mûrit. Sa force de caractère l'accompagne toujours, et le Capricorne profite de cette force intérieure pour surmonter les obstacles et atteindre ses objectifs à long terme. D'une certaine manière, ce signe ne permettra jamais à rien, ni à personne d'autre, de se mettre en travers de votre succès.

En tant que signe cardinal, le Capricorne est excellent pour lancer des projets et prendre des positions de leader, et son attitude positive le conduit à triompher dans n'importe quelle profession.

Le Capricorne aime partager avec ses amis les plus proches, et ce signe de terre valorise le temps de qualité avec ses partenaires. Le

Capricorne aime construire un environnement avec des gens ayant des opinions similaires, et dans chaque Capricorne sérieux, il y a un caractère très espiègle.

 Au début, il n'a pas un peu de confiance traditionnelle et conservatrice, mais les personnes les plus proches du Capricorne savent que cette chèvre de mer peut se transformer en une véritable vie nocturne et faire la fête sans s'arrêter.

L'ambition du Capricorne inspire les apathiques, cependant, en raison de son approche inébranlable, il jouit également d'une petite réputation d'être froid et sans émotion. Par habitude, il pense généralement toujours à la situation dans son ensemble et n'a ni le temps ni l'énergie de recommander ses amis.

Bien que tous les Capricornes ne soient pas créés égaux, le Capricorne doit se rappeler que tous les succès dans la vie ne peuvent pas apparaître sur un CV et, en fin de compte, l'empathie est plus importante que toute carrière professionnelle. La compassion et l'ambition ne s'excluent pas mutuellement, et quand il aura la capacité d'unir ces aspects de sa vie, il sera beaucoup plus heureux.

Le Capricorne a toujours un statut élevé, c'est pourquoi il est attiré soit par des couples ambitieux. Les personnes qu'ils attirent sont celles qui ont des talents professionnels ou créatifs, ou même de l'humour. Lorsque vous tombez amoureux d'un Capricorne, assurez-vous de mettre en évidence ses meilleures qualités et de souligner ses capacités. Le Capricorne s'intéressera à vous.

Le Capricorne veut poser des bases solides dans ses relations amoureuses avec lui ; Ainsi, il ne passe pas de temps dans des relations mesquines et ne va pas de branche en branche et s'il exprime de l'intérêt, cela signifie qu'il vous aime vraiment. Au début, son style de tomber amoureux peut être assez traditionnel, il ne veut pas dépenser son argent pour le plaisir jusqu'à ce qu'il y ait sécurité. Si des sentiments surgissent, le Capricorne commencera à se révéler et sera moins austère.

L'amant du Capricorne aborde la sexualité avec emphase et dévouement, les choses sont en noir et blanc quand il s'agit de sexe. Pour ce signe, c'est une expression romantique ou c'est une soirée informelle. Lorsqu'il n'y a pas de lien émotionnel, le sexe avec le Capricorne peut être stérile, presque avec un accord avec un étranger. Mais quand vous voulez libérer quelqu'un auquel vous êtes émotionnellement attaché, vous montrez votre monstruosité intérieure.

Le Capricorne quand il s'agit de sexe est compétitif, il vous demandera donc de vous dire toute votre vie sexuelle, n'ayez pas honte parce qu'il veut rivaliser ou l'améliorer.

Pour maintenir une relation avec le Capricorne, rappelez-vous simplement que pour le Capricorne, l'amour est comme une entreprise, eh bien qu'il ne fonctionne pas à l'ovation comme les autres, il nécessite du respect, en particulier de la part de son partenaire. Une fois qu'une relation a passé l'étape initiale, le Capricorne commence à approfondir la connexion. Le Capricorne doit être avec quelqu'un en qui il a confiance et qui joue également le rôle de conseiller.

Pour ce signe, le travail est essentiel pour survivre et est un exutoire productif pour vos luttes subconscientes intérieures. Le Capricorne sera toujours reconnaissant de l'opportunité d'exposer ses vulnérabilités à son partenaire, garantissant ainsi non seulement un amant, mais aussi un ami.

Le Capricorne est connu pour son endurance, et dans une relation, on s'attendrait à ce que la traction de son partenaire l'égale ou la dépasse. Ce désir n'est pas seulement d'être un couple puissant, mais de construire et de maintenir une qualité de vie que le Capricorne peut protéger. Rien n'est plus sexy pour un Capricorne que le travail acharné. Le Capricorne déteste les paresseux, et si vous êtes comme ça, ce n'est pas leur truc.

Lorsque le Capricorne met trop de pression sur son partenaire, du ressentiment peut surgir des deux côtés, et pour éviter cela, ils doivent garder à l'esprit que chaque personne se déplace à son propre rythme et, peut-être plus important encore, a sa propre définition du triomphe.

Si le Capricorne commence par hasard à le traiter comme un assistant, la relation peut être à son point de disparition, et bien qu'il ne soit pas un menteur, si le Capricorne décide de dévier, il l'analysera comme une étude de marché, c'est-à-dire explorer ses meilleures options pour conclure de quel type de relation il s'agit. Le plus avantageux.

En fin de compte, tout est une négociation pour cet administrateur astrologique, même les situations les plus émotionnelles peuvent être étouffées avec une bonne offre. Si vous ne faites pas d'erreurs, si le Capricorne croit qu'une relation répond à ses attentes, il se battra pour cela jusqu'au bout.

Mais si vous constatez que les mathématiques ne fournissent plus les chiffres que vous devriez donner, vous vous préparerez à fermer le marché. Honnêtement, il est plus attentionné que son prestige ne le suggère, mais il n'essaie jamais de convaincre quelqu'un de rester s'il n'est pas intéressé à continuer. Si vous avez la chance d'avoir un Capricorne, vous êtes assuré d'avoir un partenaire stable et fidèle.

Le Capricorne et le Bélier, bien qu'ambitieux, définissent le succès très différemment. Le Capricorne escalade lentement la montagne, tandis que le Bélier fait son chemin avec la tête vers le haut. À vrai dire, l'exubérance enfantine du Bélier peut être désagréable pour l'austère Capricorne, car elle semble négligée et non raffinée. Le Bélier, cependant, peut parfois voir le Capricorne comme peu créatif et ennuyeux. Tout espoir n'est pas perdu pour ces deux signes entrepreneuriaux. S'ils peuvent accepter la logique de l'autre, ils peuvent former une relation basée sur la compréhension et le respect. De plus, vous aimez tous les deux le sexe, et cela vaut la peine de parier dessus.

Le Capricorne et le Taureau forment un couple naturel. Le Taureau est passionné par le dévouement du Capricorne, car la chèvre de mer offre la stabilité dont le taureau a besoin. De plus, le Capricorne apprécie la sensualité du Taureau, ce qui ajoute plus de nuance à la ténacité parfois coriace de la chèvre de mer. Le Capricorne et le Taureau sont des personnes pratiques qui se comprennent vraiment. Cependant, aucune relation n'est parfaite, et le Capricorne et le Taureau peuvent se protéger dans leur zone de confort partagée. Les relations devraient être pour le plaisir et le partage, donc ces deux signes devraient garder la flamme de l'amour vivante avec un peu de spontanéité.

Capricorne et Gémeaux, est une combinaison d'amour rare. En fait, ces signes sont si différents qu'une relation amoureuse entre eux est assez folle pour fonctionner. Le Capricorne est intrigué par la fluidité des Gémeaux et les Gémeaux veulent absorber toute la sagesse que le Capricorne a à offrir. Ensemble, des leçons inestimables peuvent être enseignées, en s'inspirant professionnellement, créativement et, bien sûr, sexuellement. Dans le cadre de cette relation, le Capricorne mettra également un point d'honneur à montrer davantage de ses inclinations. Toutes les relations nécessitent de la négociation et de l'engagement, donc si les deux signaux sont prêts à investir dans des objectifs communs, ils ont le potentiel d'être des partenaires à vie.

Le Capricorne et le Cancer sont des signes dans le zodiaque, symbolisant les progéniteurs célestes. Le Capricorne représente la forte énergie du père, tandis que le Capricorne représente la forte énergie du père, tandis que le Capricorne représente la forte énergie du père, tandis que le Capricorne représente la forte énergie du père, tandis que Cáncer est lié à l'énergie féminine de la mère. Ces signes partagent des points de vue plus traditionnels sur la romance. Ils aspirent à créer un environnement familial sûr, plein de soutien et d'engagement. Bien sûr, même les couples les plus occupés ont du mal, donc si ces deux signes devaient se rencontrer, ils devraient être prêts à accepter une lutte occasionnelle.

Le Capricorne et le Lion, bien qu'aucun ne veuille l'admettre, les deux vivent secrètement obsédés l'un par l'autre. Le Capricorne est fasciné par le style dramatique de Lion, et Lion est inspiré par l'incroyable éthique de travail du Capricorne. Ils ont le potentiel de former un couple extraordinaire, mais ils doivent d'abord être prêts à libérer leur ego. En particulier, le Lion doit accepter que l'approche cohérente du Capricorne gagne parfois la compétition, et le Capricorne doit reconnaître que le drame du Lion est une méthodologie efficace. Il y aura toujours des conflits dans cette relation, mais si vous le proposez, cette tension deviendra purement sexuelle, et les deux signes sont très intéressés par la façon d'exprimer les énergies.

Le Capricorne et la Vierge, c'est un excellent rapport qualité-prix. Le Capricorne travaille dur pour renforcer la confiance et la sécurité dans sa vie. En tant qu'éléments fraternels, puisque les deux sont des signes de la terre, la Vierge a des aspirations similaires. En conséquence, ces signes forment une équipe incroyable. Le Capricorne apprécie l'organisation de la Vierge, et la Vierge admire la vision expansive du Capricorne. C'est un couple travailleur et rationnel. Toutefois, en ce qui concerne le rapport, ces deux-là devront veiller à ce que leurs mécanismes ne deviennent pas trop pratiques. Tant que vous trouvez tous les deux de nouvelles façons de faire pression l'un sur l'autre et d'être sexuellement attirants, vous pouvez former une relation durable.

Le Capricorne et la Balance doivent travailler dur pour maintenir une relation. Le Capricorne est un bourreau de travail. Certains signes apprécient son ambition, mais cette approche de la vie n'est certainement pas pour tout le monde. C'est une relation où les deux signes doivent s'assurer qu'ils sont sur la même longueur d'onde. La Balance, la diplomate du zodiaque, peut être frustrée par le stoïcisme du Capricorne.

En tant que travailleur, le Capricorne n'a pas de temps pour les subtilités, qui sont le même type d'interaction sociale qui propulse la livre en avant. Le Capricorne est facilement irrité par la nature trop agréable de la Balance. Lorsque ces deux signes unissent leurs forces, le Capricorne doit se rappeler que la Balance n'est pas son assistante, et la Balance doit également accepter son rôle de partenaire fidèle du Capricorne. Si vous pouvez apprendre à respecter vos différences, ce sera une union réussie.

Le Capricorne et **le Scorpion**, une relation sombre, mystérieuse, mais très sexy. Le Scorpion est obsédé par le pouvoir et le contrôle, mais quand il rencontre le Capricorne, quelqu'un de si orienté ou vers ses objectifs se rend compte que personne, pas même ses pouvoirs de séduction, ne peut le déséquilibrer.

C'est excitant pour le Scorpion, qui fait des heures supplémentaires pour gagner l'affection difficile à obtenir du Capricorne. Pendant ce temps, le Capricorne s'assoit et se détend, ce signe de terre aime voir la sueur du scorpion.

Bien que ce bras de fer soit érotique, si ces deux-là veulent cultiver une relation, ils doivent s'assurer que leur relation n'est pas entièrement basée sur les thèmes de la domination et de la soumission.

Le Capricorne et le Sagittaire n'ont pas beaucoup de perspective. Le Sagittaire optimiste bouleverse le Capricorne. En fin de compte, si ce couple peut apprendre à travailler ensemble, ils peuvent former une relation équilibrée, à la fois passionnée et stable. Cela peut demander de l'engagement, mais en fin de compte, tout dans la vie est une transaction.

Le Capricorne et le Capricorne, et ces deux-là s'enflamment mutuellement avec leur morale et leur intégrité de travail, il est donc très probable qu'ils se connectent d'abord dans un environnement ou une faculté. Cependant, ce lien est relativement rare. Ces âmes vétérans peuvent vraiment construire une relation car elles ont la capacité de former un duo imparable en tant que l'un des couples de pouvoir les plus féroces et peut-être les plus réussis du zodiaque. Poussés par leur ambition, deux Capricornes forment une chambre double dans un hôtel.

Le Capricorne et le Verseau ont des approches différentes de la vie. Le Capricorne a ses racines dans la réalité. Verseau, progresse dans les idées pour explorer le dynamisme intellectuel, souvent à contre-courant de tout ce qui est établi.

Le Verseau veut briser la forme que le Capricorne travaille dur pour créer. Bien sûr, il y aura des tensions au sein de cette relation, mais le Capricorne et le Verseau peuvent aussi apprendre l'un de l'autre. Bien que cela puisse prendre du temps pour que chacun évalue les promesses de l'autre, cette paire a le potentiel de compatibilité.

Capricorne et Poissons, c'est une relation possible. L'ambition du Capricorne et la créativité des Poissons sont une formule infaillible pour le succès. En signe d'eau, les poissons ont souvent des opinions purement artistiques.

Cependant, il lui manque les bases nécessaires pour transformer ses rêves en réalité, et quand il rencontre le Capricorne, il reçoit de l'aide pour transporter ses idées abstraites dans le monde matériel.

 Le Capricorne doit soigneusement répartir son temps entre ces deux faits, et les Poissons doivent lui donner de l'espace pour le faire. Si ces signes peuvent apprendre à naviguer ensemble en couple, votre relation sera excellente.

Aquarium

Verseau, symbolisé par le porteur d'eau, qui donne vie à la terre, le Verseau est un signe d'air honorable.

Le progressiste et le rebelle existent pour éveiller l'ordre. Le Verseau croit en la justice et l'équité, et pour ce penseur, tout est social ou politique. Il croit que chaque action a une réaction et, de la même manière, tous ses choix reflètent une réaction morale. Rebelle dans l'âme, ce signal aérien méprise l'autorité et s'empresse de rejeter tout ce qui représente la conventionnalité.

Il pense vraiment que les changements de perspective améliorent le bien commun, et il n'essaie pas de sonner quelques cloches là où la justice sociale est impliquée. Ce style de vie atypique est une source d'inspiration pour son entourage et aime montrer qu'on peut toujours rêver grand. Si vous rencontrez un obstacle dans une conception, les aquariums ont la solution.

Le Verseau est gouverné par Uranus, la planète qui régit l'innovation, la technologie et les événements d'impact. Il a vraiment un don pour le progrès, c'est pourquoi il est souvent appelé l'enfant prodige du zodiaque. Intelligent et avide de changement, il a toujours deux longueurs d'avance sur la société moderne. Temosia est votre talon d'Achille.

La persévérance du Verseau est clairement liée à ses doctrines fortes et justes, et ce trait est étouffé dès qu'il a l'occasion de proclamer un changement positif. Puisque Aquarius est toujours motivé par l'égalité, je travaille pour lui en équipe et dans des communautés de personnes partageant les mêmes idées.

Le Verseau a besoin de beaucoup d'espace pour réfléchir, former des idées et planifier son rôle dans toute cause qu'il défend, la liberté, à la fois en théorie et en pratique, est super importante pour ce signe.

En fait, quiconque défie la liberté du Verseau est votre adversaire. Comme vous pouvez le constater, il est difficile de tomber amoureux du Verseau, car vous vous concentrez sur la société dans son ensemble, pas sur une petite conversation avec une personne. Cependant, même s'il ne veut pas l'admettre, c'est une personne à sang chaud qui a aussi besoin d'affection.

Puisque le Verseau n'est pas un être aussi physique, l'amour est très similaire à l'amitié, il aime sortir de l'ordinaire, donc son approche des rencontres est non conventionnelle. Au lieu de la citation traditionnelle, considérez quelque chose qui convient à vos intérêts personnels, mais rappelez-vous également que le Verseau pense que chaque intérêt et passe-temps devrait refléter l'éthique d'une personne ; Alors, assurez-vous de savoir exactement ce que vous aimez avant de faire une réservation.

La chose la plus importante à retenir à propos de la romance avec Aquarius est que vous avez besoin d'espace personnel en quantité. Le temps seul est essentiel pour ce signal, en effet, vous freinerez si vous vous sentez piégé. En cas de doute, revenez en arrière et attendez que le Verseau vienne à vous. Rappelez-vous, même si vous êtes distant, la vérité est que vous vous souciez beaucoup, vous avez juste votre propre façon unique d'exprimer ces sentiments.

Aquarius est excentrique, il déteste donc être étiqueté et catégorisé, et est particulièrement excité par les gens qui ont des styles non conventionnels qui correspondent à différents aspects.

Avec la tête si haute dans le ciel, il n'est pas étonnant que ce signe ait la réputation d'être distant lorsqu'il s'agit de relations intimes. Cependant, bien qu'il soit souvent plus intéressé par l'abstrait, ce qui, pour les désirs de carnaus, ne vous trompe pas, c'est parce que le Verseau aime le plaisir et sait ce qu'il veut.

Stimulez votre amant du Verseau en changeant de rôle, en expérimentant des désirs cachés et en explorant de nouvelles façons d'exprimer votre sexualité individuelle, et puisque le Verseau est lié à la technologie, les derniers appareils de plaisir vous stimuleront plus que vos fantasmes.

Bien qu'il soit difficile d'équilibrer votre besoin de liberté avec les exigences de la relation, lorsque le Verseau s'engage, ils comprennent que tout est une négociation. Fondamentalement, il veut que les choses soient justes, pas que ses préférences dominent la relation. Ainsi, lorsque vous entretenez une relation avec le Verseau, essayez de créer plusieurs paramètres ensemble.

Rappelez-vous qu'être séparé de temps en temps ne signifie pas nécessairement une distance émotionnelle, une petite séparation aide à approfondir l'amour et la confiance, jetant les bases d'une relation concrète.

Il est également important de noter que bien que le Verseau exprime ses émotions de manière inhabituelle, il a des sentiments, fait de son mieux pour être un partenaire attentif et gentil, et cela dépendra de votre soutien.

Verseau et Bélier, forment un intéressant parce que les deux signes marchent au rythme de leur propre musique Ni le Verseau ni le Bélier ne veulent être limités par les conventions des alismes sociaux, ils respectent donc l'indépendance de l'autre.   Cette interface peut nécessiter quelques ajustements pour voir tout potentiel. Le Verseau peut être frustré par l'aspect égocentrique du Bélier, et le Bélier peut se sentir agité en raison de l'éloignement caractéristique du Verseau. Cette relation bénéficiera de la communication, de sorte que les deux partenaires devraient être prêts à être honnêtes dans leur expression verbale. Si vous pouvez encore vous rappeler pourquoi vous investissez l'un dans l'autre, vous pouvez créer une relation saine.

 Le Verseau et le Taureau sont sans aucun doute les deux signes les plus tenaces du zodiaque. En fait, les deux peuvent se presser l'un l'autre. Le Verseau rebelle n'aime pas le culte de la tradition du Taureau, et le Taureau se sent attaqué par la moralité rigide du

Verseau. Si ces signes décident de s'associer, ils devront apprendre à apprécier leurs différences, ce qui n'est pas facile pour de tels signes tenaces. Cependant, le Verseau peut apprendre à apprécier le royaume matériel, tandis que le Taureau peut s'entraîner à être plus tolérant envers les différentes visions du monde du Verseau. Cette relation ne sera pas facile, mais si l'amour est fort, ces deux-là peuvent le faire fonctionner.

Verseau et Gémeaux, c'est une relation unique. Le Verseau est connu pour son humanisme. Ce signe de l'élément aérien bénéficie d'une réflexion générale et est motivé par le travail social qui inspire le progrès. En tant que consort aérien, Gémeaux admire l'esprit novateur du Verseau, qui prépare également le terrain pour que le jumeau bavard se présente. Verseau, profitez de l'esprit joyeux des Gémeaux, et grâce à cette mécanique intelligente, cette relation est vraiment enthousiaste. Bien que ce duo doive travailler dur pour garder les pieds sur terre, après tout, l'air est plus abondant, lorsque les deux sont engagés, investissent ensemble en eux-mêmes et dans le bien de l'humanité.

Verseau et Cancer, cette relation n'est pas impossible, mais ce n'est pas le plus probable. Le cancer donnera toujours la priorité à vos amis et à votre famille, tandis que le Verseau ne voit tout simplement pas la communauté de la même manière. Pour lui, c'est le plus grand atout du monde. Tout a une nuance sociale ou politique, vous êtes donc prêt à quitter votre zone de confort pour prouver votre point de vue.

Cela effraie Cancro qui ne peut même pas comprendre l'idée d'abandonner intentionnellement sa zone de confort. Cependant, alors que le Cancer est plus concentré sur sa quasi-domination, les deux signes sont des intellectuels innovants avec des idées exceptionnelles. Bien que cela puisse être difficile, avec le bon équilibre entre courtoisie et compréhension, le Verseau et le Cancer peuvent unir leurs forces.

Le Verseau et le Lion forment un couple formidable. Aquarius aide à amortir l'ego de Lion, et Lion montre au Verseau qu'il est parfois acceptable d'insuffler un peu de glamour dans son monde.

Parce que le Lion représente le leader et que le Verseau symbolise les gens, ce couple a une compréhension globale des systèmes sociaux complexes. Cependant, le Lion est tout cœur et le Verseau est tout cerveau. C'est une distinction extrêmement importante, car la nature isolée caractéristique du Verseau peut menacer l'orgueil du Lion.

 Heureusement, s'ils parviennent tous les deux à trouver un terrain d'entente, que le Verseau est un peu plus affectueux et que le Lion est un peu moins théâtral, ces deux-là peuvent créer une relation qui produit une relation durable.

Le Verseau et la Vierge, ont des différences, les signaux aériens sont inspirés par l'abstrait, tandis que les signes de la terre sont stimulés par la réalité, mais créent curieusement une relation idéale. La Vierge aide le Verseau à comprendre les nuances, tandis que le Verseau encourage la Vierge à explorer la situation dans son ensemble. Le problème profond que ces deux signaux devront surmonter est leur relation extrêmement différente avec l'autorité. Alors que la Vierge déteste enfreindre les règles, Aquarius vit pour avoir l'occasion de défier l'establishment. Cependant, si chacun peut apprendre à comprendre le point de vue de l'autre, ils peuvent former une relation spéciale.

Le Verseau et la Balance, coïncident en de nombreux points, lorsque ces deux signaux aériens unissent leurs forces, il est difficile de savoir s'ils sont connectés pour avoir des relations sexuelles, de l'amour ou un statut social. Bien que le Verseau n'accepte jamais qu'il soit opportuniste, les deux signes sont conscients de leurs contacts sociaux. La Balance veut être aimée et le Verseau veut prouver que ses opinions sont justes. Bien que le Verseau et la Balance se comprennent sans effort, tout le monde devrait s'assurer d'investir dans la relation pour la bonne raison. Sinon, cette connexion disparaîtra probablement.

Le Verseau et le Scorpion peuvent former une relation indestructible. Le Scorpion est associé au sexe, le Verseau, cependant, n'est pas si lubrique. Ce n'est pas que le Verseau se délègue de la sexualité, le porteur d'eau brûle certainement son sang, ce qui se passe, c'est qu'il a une approche très différente de l'érotisme. Le Verseau s'intéresse à l'expérience, tandis que le Scorpion a tout à voir avec la capacité de séduire. Cette inégalité indique la tension entre ces deux signaux, ils ont simplement des formes complètement différentes. Cependant, s'ils peuvent apprendre à travailler ensemble et investir dans leur passion et leur attirance l'un pour l'autre, la relation est possible.

Verseau et Sagittaire, est une relation harmonieuse. Symbolisés respectivement par l'air et le feu, ils créent une union passionnante. Le Verseau inspire le Sagittaire à combiner son amour de la philosophie avec la justice sociale, tandis que le Sagittaire demande au Vert d'être plus social. Ensemble, ces deux signes ont tous les ingrédients pour un partenaire extrêmement efficace. Cependant, pour qu'ils maintiennent une relation amoureuse, ils doivent également s'assurer qu'ils partagent du temps ensemble. Aucun de ces signes n'est spécifiquement motivé par la relation, il peut donc être difficile pour eux de former une union durable. Mais si vous êtes prêt à calmer l'agitation de la foule avec des spectacles occasionnels, cela en vaudra la peine.

Le Verseau et le Capricorne peuvent avoir beaucoup de mal à maintenir une relation. Le Capricorne logique et gourmand a ses racines dans l'ici et maintenant, c'est-à-dire dans ses tâches professionnelles. Aquarius, d'autre part, progresse avec l'abstrait, à la recherche d'idées innovantes et d'opportunités intellectuelles uniques, souvent contre les systèmes établis. Alors que le Verseau s'efforce de briser les structures que le Capricorne a été révélé créer, une tension surgira entre les signes. Heureusement, il y a aussi beaucoup de choses que le Capricorne et le Verseau peuvent obtenir l'un de l'autre. Ces leaders nés peuvent en venir à apprécier ce que l'autre a à offrir. Il ne faudra qu'un peu de patience. D'une manière ou d'une autre, Aquarius est capable de tomber amoureux sans aucune base de temps. Cependant, ces deux-là peuvent avoir de la difficulté à construire une relation durable.

Verseau-Verseau est une relation difficile, littéralement presque impossible, car pour eux rester ancré est un défi. Le Verseau déteste être confiné, ce qui peut être difficile s'il est compromis. Selon les préférences personnelles, l'un ou les deux signes peuvent exiger que quelqu'un soit un peu plus réaliste. La bonne nouvelle est qu'ils peuvent se nourrir de l'excentricité de l'autre, et que chacun comprend la sensibilité de l'aquarium caractéristique de l'autre, que souvent les autres ne comprennent pas.

Le Verseau et les Poissons peuvent se satisfaire **mutuellement.**
Alors que le Verseau passe la journée à écrire des édits, les Poissons
préfèrent écrire de la poésie. Cependant, malgré leurs modes
d'expression différents, le Verseau et les Poissons sont des
humanitaires qui voient une situation et se demandent immédiatement
quoi faire pour la corriger. L'approche intellectuelle du Verseau, bien
qu'admirable, est due au poisson intuitif, qui est guidé principalement
par l'émotion. De même, le toucher doux des Poissons est
extraordinaire pour le Verseau, qui se déplace librement dans la vie.
À cet égard, le jeu commence fort, mais chaque partenaire doit
travailler dur pour répondre aux besoins catégoriques de l'autre. Le
Verseau aura besoin des Poissons pour vous inspirer, tandis que les
Poissons auront besoin du Verseau pour montrer qu'il se soucie de
vous.

Poisson

Les poissons symbolisent à la fois par deux poissons nageant dans des directions opposées, reliés par un fil invisible, une représentation de leur existence à la croisée des chemins entre utopie et réalité. C'est le dernier signe du zodiaque, et donc les Poissons ont accumulé toutes les leçons vécues par les onze signes principaux.

C'est le signe le plus spirituel sur la roue du zodiaque. Gentil et courtois, mais grincheux comme un spécimen qui vit dans les eaux profondes de l'océan. L'ebbulosité des Poissons est gouvernée par Neptune, la planète qui contrôle la créativité et les rêves, ainsi que l'utopie et l'évasion. Neptune est luxueuse, charmante, mais parfois elle peut être effrayante.

Ces propriétés sont étroitement reflétées dans les Poissons. En tant que signe d'eau, il a une profondeur extrêmement multidimensionnelle et une magie qui le rend séduisant pour les autres. Tout comme la mer alterne ses vagues, parfois elle est calme, fantasmant sur le lendemain et réfléchissant sur les âmes et les événements de sa vie, et en d'autres occasions, elle est énergique et violente , dénouant leur sensibilité cachée dans des courants grandioses.

Puisque la mer est une force puissante et dangereuse, avant de commencer la quête pour conquérir les Poissons, calmez-vous et préparez-vous à l'ampleur des peurs qui vous approchent.

Dévoué à sa méthode, Poissons ne se doute jamais qu'il va changer d'avis, de plus, il en profite pour accueillir de nouveaux points d'approche et d'idées.

Les Poissons ne sont pas des rancunes ou vous pouvez avoir le plus grand conflit au monde et l'effacer complètement de votre esprit. Les Poissons aident également les autres à voir la vie à partir des approches de neuf ou s, et vous pouvez compter sur eux pour vous aider en toutes circonstances.

Il demande toujours de nouvelles méthodes pour élargir ses horizons, et les Poissons aiment améliorer sa spiritualité à travers des habitudes qui changent l'imagination, même si cela signifie chasser une sirène dans un marais, car le dernier signe du zodiaque, est très sûr. Cette réalité est vraiment intangible. Ce signe est une éponge émotionnelle, qui attire sûrement tout dans votre environnement, même ce qui existe dans le plan subtil.

Avec autant d'empathie, avant d'entrer dans une nouvelle relation, vous devriez avoir le temps de voir ce que vous ressentez vraiment, en observant tout inconfort, et si les choses semblent étranges, vous absorberez l'énergie. Il est sombre du champ aurique de l'autre personne.

Si les Poissons peuvent identifier d'où vient cette tension, il lui sera plus facile de reconnaître comment les sentiments d'autres l'affectent physiquement. Cela peut vous aider à vous concentrer sur la création de lignes de démarcation et à éviter d'être submergé par les difficultés d'autres à l'avenir. Les Poissons sont une âme affable, affectueuse et pure qui vit de rêves, de musique et d'amour. Sortir avec un poisson, c'est comme plonger dans les profondeurs du grand océan, c'est excitant et mystérieux.

Les poissons coulent instinctivement vers des personnes non conventionnelles qui marchent au rythme de leurs propres tambours. Cependant, cela ne signifie pas que votre partenaire idéal est une de sociale.

Les Poissons préfèrent vraiment les couples qui sont connectés à des communautés innovantes et libérales. Lorsqu'il s'agit d'une réunion en soirée avec les Poissons, envisagez de visiter une œuvre, de visiter une galerie d'art ou de vous inscrire à un atelier d'art. Il est influencé soit par des expériences, essentiellement celles impliquant des pouvoirs non oraux et non corporels, en fait, toute expérience avec des Poissons spirituels est confirmée pour impliquer une exploration subjective profonde.

Avec le temps et l'interaction, vous pouvez enquêter exactement sur les types de pratiques que votre partenaire peut ou non soutenir ce signal, donc au début de votre engagement, évitez quelque chose d'exorbitant. Cette créature perceptible ne peut tolérer rien de grossier.

Avec cette personnalisation spirituelle et émotionnelle considérable, l'accouplement des Poissons est profondément sentimental, et cette créature des profondeurs comprend les relations intimes comme l'alliance de deux âmes sublimes et correctes. Les Poissons peuvent avoir des relations sexuelles inattendues, mais ils choisissent d'être avec quelqu'un qu'ils aiment et, honnêtement, avant de tomber si bas.

Ce signal sensible a du mal à créer des limites, car il n'y a pas de limites en mer. Avoir une relation occasionnelle avec les Poissons, c'est comme voyager dans une autre galaxie, et il est beaucoup plus difficile de se lancer dans les marées dans le cadre d'une relation établie.

Structurer une relation durable avec les Poissons est un art, cela demande du courage, du dynamisme et de l'adaptation. Les Poissons fonctionnent sur leur réalité particulière, il n'est donc pas surprenant que ce signe d'eau de rêve puisse être un peu dur.   Il peut faire des plans pour l'avenir avec vous pour vouloir acheter une maison ou avoir un enfant, et après un certain temps changer d'avis. C'est décevant, mais cela ne vaut pas la peine de confronter les Poissons à propos de leur comportement malhonnête car ils manquent de structure émotionnelle, leur seule protection est d'échapper à la natation, et si vous ne saviez pas, les Poissons me laisseront probablement le bateau.   Moins d'attaques.

Dans une relation, les poissons doivent se rappeler que les émotions du partenaire doivent être communiquées, il peut être difficile pour eux d'admettre quelque chose qu'ils ne veulent pas entendre, mais la communication est la clé de la relation pour ne pas se perdre.

Si vous sentez que votre partenaire Poissons commence à s'éloigner, une façon de l'attirer est par la musique. À première vue, cela semble simple, mais les choses personnalisées attireront certainement le cœur de ce poisson rouge et vous aideront à restaurer votre confiance dans la relation.

Cependant, si une relation atteint le point de non-retour, les Poissons s'isoleront silencieusement. Il préfère ne pas lutter contre le problème, de sorte que sa forme préférée de rupture est souvent vague et non définitive.

Poissons et Bélier, est une relation dans laquelle le respect mutuel est partagé. Bien que lorsque le dernier signe du zodiaque est connecté au premier signal, personne ne peut deviner les résultats. Poissons, vous êtes saturés de connaissances et d'excitation. Le Bélier, en tant que signe de feu, est anxieux ou honnête et égoïste. L'Oego du Bélier ne fait pas de mal, car il le motive à fonctionner, et lorsqu'il est associé aux Poissons, ces idéologies inégales peuvent sembler disproportionnées. Cependant, si les Poissons peuvent admettre la férocité du Bélier dans le cadre de leur innocence et que le Bélier peut comprendre l'âme exubérante des Poissons, ils peuvent être une combinaison efficace.

Les Poissons et le Taureau sont sentimentaux, donc ces deux signes sont soudainement attirés. Les Poissons aiment l'art et la poésie, tandis que le Taureau aime la nourriture et le vin. La relation avec vous est une expérience complètement d'un autre monde. Fait intéressant, cependant, ce qui maintient les Poissons et le Taureau connectés n'est pas leurs goûts, mais leur capacité à s'enseigner mutuellement des leçons plus substantielles. Les Poissons aident le Taureau tangible à réaliser des idées indéfinies, tandis que le Taureau encourage les Poissons passionnés à s'accrocher un peu plus à la réalité. Ensemble, ces signes sont plus que des couples romantiques, ils sont les inspirations l'un de l'autre.

Les Poissons et les Gémeaux, à l'exception de leur problème de subvenir à leurs besoins, sont compatibles. Les Poissons se sentent envoûtés par la maîtrise sociale des Gémeaux, tandis que les Gémeaux sont satisfaits de la créativité sans effort des Poissons. Les deux signaux changeants sont alimentés par la duplicité, les Poissons étant symbolisés par deux poissons et les Gémeaux par des jumeaux; Ainsi, ils sont constamment conduits dans des directions opposées. Aussi facilement qu'ils s'unissent, ils se séparent aussi. Pour que la relation fonctionne, ces deux signaux doivent se soutenir mutuellement et établir un réel engagement dans le même mouvement. Bien que les deux soient enclins à fuir, rester dans cette relation enthousiaste est la meilleure décision qu'un signe puisse prendre.

Les Poissons et Cancro peuvent fonctionner parfaitement. Les Poissons appartiennent à un autre monde. Populaire pour son habileté douce, sa créativité sincère et sa clairvoyance efficace, cet animal aquatique attire les énergies, les auras et tout ce qui existe dans les domaines subtils de la vie. Le cancer, également une créature marine, est la combinaison parfaite pour les Poissons. La relation des Poissons avec ce compagnon d'eau peut être agréable et climatisée. Le Cancer peut apprendre des Poissons comment perfectionner leurs capacités intuitives. Bien sûr, les événements peuvent devenir un peu glissants de temps en temps.

Les Poissons et le Lion sont créatifs, mais ils l'expriment de différentes manières. Alors que Lion aime occuper le devant de la scène, les Poissons aiment créer des œuvres complexes qui reflètent son monde. Lorsqu'ils sont harmonisés, ces deux signes peuvent fonctionner comme des divinités de l'autre, inspirant l'autre à continuer à développer ses compétences artistiques. Cependant, l'eau et le feu sont dévastateurs. La mer des émotions des Poissons est vaporisée par le drame du Lion, et la flamme du Lion est atténuée par les émotions des Poissons, en fait, il faudra du travail pour que ce couple dure dans le temps. Ils devront apprendre à suivre leurs priorités, mais s'ils le souhaitent, cette relation peut être profondément inspirante.

Les Poissons et la **Vierge** sont sensibles   et compatissants, de sorte que ces opposés se rapportent l'un à l'autre à un niveau profondément empathique. Au sein de cette relation bienveillante, les deux aspirent à s'améliorer mutuellement au maximum et, ce faisant, à créer une relation belle et stable. L'esprit logique de la Vierge aide les Poissons à atteindre ses objectifs, tandis que l'ingéniosité créative des Poissons inspire la Vierge à explorer sa propre expression artistique. Cependant, bien que les Poissons et la Vierge puissent bénéficier de la gentillesse et du soutien mutuel, des problèmes peuvent survenir lorsque ces signes deviennent des martyrs. Ces signes devraient nous rappeler que les relations sont plus une question de responsabilité que de sacrifice. Si chaque signe traverse toute la relation sanglante, il n'y a plus rien à célébrer.

Poissons et Balance, c'est une relation complexe. Pour ces deux signes, votre rencontre peut vraiment ressembler à un coup de foudre. Les poissons sensibles et la livre réfléchissante sont de nature romantique; Puis, soudain, ils affluent dans cette parole cosmique d'amour. Les Poissons et la Balance veulent créer une relation qui réussit, mais qui ne sait pas non plus comment maintenir leur union. Comme aucun signe n'est particulièrement convaincant, il est plus facile pour ces deux-là de s'exterminer à distance. D'un autre côté, les Poissons et la livre détestent le conflit, alors quand les choses se compliquent, ils s'enfuient. Si vous voulez tous les deux cultiver une relation durable, vous devrez créer des limites, définir des termes et communiquer vos besoins, même si cela signifie une discussion sporadique.

Poissons et Scorpion, c'est une relation très spirituelle. Le Scorpion est clairement discret, et tandis que les autres signes ont du mal à accepter leur intimité, les Poissons sont heureux de respecter ces limites. Les Poissons sont intrinsèquement psychiques et n'ont pas besoin du Scorpion pour partager des informations personnelles. Parmi eux se trouve la communication non verbale. Scorpion, appréciez cela et vous pouvez apprendre aux Poissons à défendre vos besoins. Les Poissons ont besoin de beaucoup d'espace pour enquêter, et le Scorpion a tendance à être possessif, ces deux-là devront définir un rythme. À la fin de la journée, les Poissons et le Scorpion forment un couple responsable et vraiment beau.

Les Poissons et le Sagittaire sont compris immédiatement, car les deux errent, bien qu'en tant que signe d'eau et signal de feu, ils examinent en conséquence différents domaines. Lorsqu'ils sont joints, des détails importants sur leurs champs caractéristiques sont fournis bilatéralement. Les Poissons et le Sagittaire s'illuminent mutuellement, nourrissant des valeurs mutuelles. Cependant, ils peuvent avoir du mal à rester liés pendant une longue période. Les Poissons ont besoin d'eau pour rester excitants, et le Sagittaire a besoin d'un milieu stable pour garder le feu chaud. Pour que les Poissons et le Sagittaire durent dans une relation amoureuse, ils devront reconnaître leur distance et se donner la liberté de se promener.

Le Poissons et **le Capricorne sont** des signes d'eau et de terre en conséquence, et vivent en harmonie heureuse. La relation peut s'assombrir un peu, car les Poissons sont très émotionnels et sensibles, tandis que le Capricorne est principalement alimenté par le monde tangible.

Dans la plupart des cas, ces différences sont stimulantes, cependant, les Poissons peuvent se sentir noyés par la dureté du Capricorne et le Capricorne peut être rebuté par le manque de connexion terrestre des Poissons.

Heureusement, ils peuvent convenir que les Poissons peuvent coopérer avec leur créativité, et le Capricorne peut fournir le cadre pour aider les Poissons à voir leurs rêves se réaliser.

Poissons et Aquarius. Les deux derniers signes du zodiaque forment une paire attrayante. Lorsque l'énergie réelle de l'année Acuarã fond avec les eaux effusives des Poissons, des typhons sont attendus. Cependant, ils forment en fait une paire dynamique, car les deux signes sont impressionnés pour explorer les secrets de la vie, et bien que le Verseau soit lié à la science et les Poissons à la spiritualité, chacun a une profonde appréciation pour eux.   Approche-les uns envers les autres. Les deux peuvent être distraits en collaborant avec leurs théories complexes et leurs idéologies spéculatives. Bien qu'il puisse être difficile pour les Poissons et le Verseau de surmonter les vortex, ils peuvent former une excellente équipe.

Poissons et Poissons, ce n'est pas un couple, c'est un aquarium. Ils sont romantiques, idylliques et sensibles, cette relation est donc basée principalement sur la délicatesse et la créativité. En fait, parce que les Poissons sont si psychiques, cette relation peut être accusée. Peut-être que c'est une relation d'autres vies. Mais il n'y a pas de limites en mer, et de même, il est difficile pour ces deux semblables de définir leur ressemblance romantique. Cependant, s'ils le font, la liaison peut devenir une émotion trop absorbante, ce qui rend très facile pour ces poissons de devenir dépendants les uns d'autres et donc destructeurs. Si vous voulez créer une relation saine, vous devrez trouver comment construire une superstructure compacte autour de vos sentimentalités brutes. Surtout, les deux devront apprendre à compenser le fait de prendre soin d'eux-mêmes, par des soins mutuels.

À propos de l'auteur

En plus de ses connaissances astrologiques, Alina Rubi a une riche formation professionnelle; Elle a des certifications en psychologie, hypnose, reiki, guérison bioénergétique avec cristaux, guérison angélique, interprétation des rêves et est instructrice spirituelle. Rubi connaît la gemmologie, qu'il utilise pour programmer des pierres ou des minéraux et les transformer en puissantes amulettes protectrices ou talismans.

Rubi a un caractère pratique et axé sur les résultats, ce qui lui a permis d'avoir une vision spéciale et intégrée de différents mondes, facilitant la solution à des problèmes spécifiques. Alina écrit des horoscopes mensuels pour le site de l'American Association of Astrologers, elle peut les lire sur le site de www.astrologers.com. Il écrit actuellement une chronique hebdomadaire dans le journal El Nuevo Herald sur des sujets spirituels, publiée tous les dimanches en format numérique et le lundi en version imprimée. Il y a aussi un programme hebdomadaire et un horoscope sur la chaîne YouTube de ce journal. Son Annuaire astrologique est publié chaque année dans le journal « Diario las Américas », sous la rubrique Rubi Astrologie.

Rubi a écrit plusieurs articles sur l'astrologie pour la publication mensuelle « Astrologer Today », qui enseignait l'astrologie, le tarot, la lecture des mains, la guérison par les cristaux et l'exotinisme. Il y a des vidéos hebdomadaires sur des sujets ésotériques sur votre chaîne YouTube: Astrologie rubis. Elle avait son programme d'astrologie diffusé quotidiennement par Flamingo TV, a été interviewé par divers programmes de télévision et de radio, et chaque année son « Annuaire astrologique » est publié avec le signe de l'horoscope, entre autres choses, et d'autres sujets mystiques intéressants.

Elle est l'auteur des livres « Riz et haricots pour l'âme » Parties I, II et III, un recueil d'articles ésotériques, publiés en anglais, espagnol, français, italien et portugais. « De l'argent pour tous les budgets », « L'amour pour tous les cœurs », « La santé pour tous les corps », Annuaire astrologique 2021, Horoscope 2022, Rituels et sorts pour le succès en 2022, Sorts et secrets, Cours d'astrologie, Rituels et amulettes 2023 et Horoscope chinois 2023 tous disponibles en cinq langues: anglais, italien, français, japonais et allemand.

Rubi parle parfaitement anglais et espagnol, combine tous ses talents et ses connaissances dans ses lectures. Il réside actuellement à Miami, en Floride.

Pour plus d'informations, vous pouvez visiter le www.esoterismomagia.com